a. C. Jummpirk

Anna Katharina Emmerick.
Handzeichnung von J. Gräfin Schmiesing-Kerssenbrock,
von Luise Hensel korrigiert.

Günter Scholz

Anna Katharina Emmerick

Kötterstochter und Mystikerin

Aschendorff Verlag

Inhaltsverzeichnis

Vorwort

Das Grab der Anna Katharina Emmerick in der Krypta der Heilig-Kreuz-Kirche in Dülmen ist immer mit frischen Blumen und brennenden Kerzen geschmückt. Sie weisen hin auf die Besucher, die täglich zu diesem Grab kommen. Diese Besucher stehen für die vielen bekannten und unbekannten Verehrerinnen und Verehrer der Anna Katharina Emmerick weltweit – über die Grenzen von Coesfeld und Dülmen hinaus, auch über die Grenzen unseres Bistums und unseres Landes hinaus – und das seit fast 180 Jahren, seit dem Tod von Anna Katharina Emmerick 1824.

Was die vielen Verehrerinnen und Verehrer, was die vielen Beterinnen und Beter schon immer gewünscht haben, das wird Wirklichkeit. Der Weg zur Seligsprechung der Kötterstochter aus Flamschen ist frei. Papst Johannes Paul II. wird offiziell für die ganze Kirche bestätigen, dass Anna Katharina Emmerick den Glauben in einer authentischen Weise gelebt hat, beispielgebend und ermutigend für die Menschen unserer Zeit, und dass sich ihr Leben endgültig erfüllt hat in Jesus Christus. – Das ist eine gute Nachricht!

Günter Scholz legt in dem vorliegenden Buch den Blick auf die Kötterstochter Anna Katharina Emmerick frei, die zu den großen Frauen unserer Heimat gehört. Er stellt sie dar im sozialen und geistigen Kontext ihrer Zeit, die unserer Situation heute in vielerlei Hinsicht so ähnlich ist. Das Lebensbild, das Günter Scholz überzeugend und faszinierend darlegt, ist eine Einladung, der Anna Katharina Emmerick heute neu zu begegnen. Auf zwei Aspekte möchte ich ausdrücklich hinweisen.

Clemens Brentano, dieser Meister der Sprache und der große Erzähler in der Zeit der Romantik, der niederschreibt, was Anna Katharina Emmerick an Erfahrungen und Schauungen erzählt, er steht für die vielen Menschen, die „unbehaust" auf der Suche nach dem Sinn ihres Lebens sind und die „nach jahrzehntelang vergeblichem Suchen Trost und Hilfe für ihr zerfahrenes Leben zu finden hoffen". Clemens Brentano findet bei Anna Katharina Emmerick eine Heimat; sie gibt in einer unerhörten Weise Zeugnis von dem geheimnisvollen Gott, vor dem wir nicht in Angst vergehen müssen, sondern der sich dem Menschen zuwendet und ihn in einer unerhörten Weise liebt. Sie eröffnet uns einen neuen Zugang zum Geheimnis Gottes.

Zur Not unserer Zeit gehört es, dass wir gefangen sind von dem, was wir haben und machen; was zählt, ist der Erfolg. Von daher haben wir uns daran gewöhnt, Krankheit und Leid nur noch negativ zu definieren. Das bringt kranke und alte Menschen, Menschen mit Behinderungen und Not immer mehr in eine Isolierung und spricht ihnen ein sinnvolles Leben ab. Anna Katharina Emmerick lebt in einer solch tiefen Verbundenheit mit dem leidenden und am Kreuz verblutenden Jesus Christus, dass sich sein Leiden und seine Schmerzen als Wundmale an ihrem Körper ausprägen. Diese ihre Verbundenheit macht sie fähig, zu einer unerhörten Solidarität mit den Menschen: Sie teilt ihre verborgene Not und ihr Leiden und kann sie nachempfinden. Darum haben so viele Menschen bis auf den heutigen Tag zu ihr großes Vertrauen gefunden. Anna Katharina Emmerick versteht sich selbst als ständige Bettlerin vor Gott in den Anliegen der Menschen: „Es war als gehörte ich dazu wie ein Bettler in eine barmherzige Stadt."

Die Kirche lebt nicht nur von den vielen Aktivitäten und Programmen, mit denen tagtäglich so viele beschäftigt sind; sie lebt auch von den vielen Menschen, die ihr Alter, ihre Krankheit, ihre Schmerzen und ihr Leid in glaubender Verbundenheit mit Jesus Christus annehmen und als ihr gelebtes Gebet vor Gott hinhalten.

Wir schulden Günter Scholz Dank, dass er uns einen neuen Zugang zu Anna Katharina Emmerick eröffnet hat: Das rechte Buch zur rechten Zeit! Dieses Buch ist eine Einladung, Anna Katharina Emmerick erneut zu entdecken und in Dankbarkeit ihr zu begegnen, die uns in der Seligsprechung als Ermutigung für unser Leben vorgestellt wird.

Wenn wir in Dülmen – ein wenig lächelnd – manchmal der Meinung sind, dass Dülmen „dat Hiärtken von'ne Welt" ist, so hat das in Anna Katharina Emmerick ein gutes Fundament.

Ich wünsche diesem Buch einen großen Leserkreis!

Münster, den 22. Januar 2003

Weihbischof Dr. Josef Voß
Regionalbischof für die Region
Coesfeld – Recklinghausen

Lebensdaten der Anna Katharina Emmerick

1774	Am 8. September in Flamschen bei Coesfeld als fünftes von neun Kindern einer Köttersfamilie geboren, am selben Tag in St. Jakobi, Coesfeld, getauft.
1786	Erstkommunion.
1796	Firmung; seit der frühen Jugend Verehrerin des Coesfelder Kreuzes in St. Lamberti, Coesfeld; oft geht sie den sog. „Großen Kreuzweg".
1786–1788	Magd bei dem Bauern Emmerick.
1791–1793	Lehrmädchen bei einer Näherin in Coesfeld.
1794–1798	Haus- und Wandernäherin, Nähstube im elterlichen Haus.
1799–1802	Bei Kantor Söntgen, um das Orgelspiel zu lernen.
1799	Erste Stigmatisation: Innere Stigmatisation, Schmerzen der Dornenkrone.
1802	Eintritt in das Augustinerinnen-Kloster Agnetenberg in Dülmen.
1811	Aufhebung des Klosters durch die Säkularisation.
1812	Verlässt als Letzte, schwer krank das Kloster, findet Unterkunft als Haushälterin bei dem in der frz. Revolution emigrierten Geistlichen Abbé Lambert zunächst im Haus der Witwe Roters in der Nähe des Klosters.
1812	Äußere Stigmatisation: nacheinander werden die Wundmale an den Händen, den Füßen, dem Kopf, und zwei Kreuze an der Brust sichtbar, bluten an Freitagen. Mit dem Bekanntwerden der Stigmatisation setzt ein Strom von Besuchern ein.
1813	Kann wegen schwerer Erkrankung das Bett bis zu ihrem Tod nur noch ganz selten verlassen, oft dem Tode nahe.
1813	Beginn der Freundschaft mit dem Arzt Dr. Wesener.

1813–1821	Wohnung im Haus des Gastwirts Franz Limberg, im Hinterhof der Wirtschaft.
1813	Kirchliche Untersuchung.
1819–1824	Clemens Brentano ist mit wenigen Unterbrechungen in Dülmen, schreibt ihre Visionen auf.
1819	Staatliche Untersuchung durch eine von der preußischen Regierung bestimmte Untersuchungskommission, drei Wochen lang Tag und Nacht bewacht.
1821–1824	Wohnung im Haus von Clemens Limberg, Borkener Straße, Sterbehaus.
1824	Stirbt am 9. Februar im Ruf der Heiligkeit. Begräbnis am 13. Februar unter großer Anteilnahme der Bevölkerung (alle Priester, die Schulkinder, Bürger und Arme).
1858	Adlige Frauen aus Rom stiften ein Kreuz für das Grab, eine polnische Gräfin ein Gitter.
1891–1899	Informationsprozess in Münster zur Einleitung der Seligsprechung.
1899	Prozessakten zur Ritenkongregation (verantwortlich für die Seligsprechung) in Rom gesandt.
1928	Prozess wird nicht weiter verfolgt, Unterlagen werden zu den Akten gelegt.
1873	Neueröffnung des Seligsprechungsprozesses auf Veranlassung von Bischof Heinrich Tenhumberg, Münster, mit Unterstützung aller deutschen Bischöfe.
1975	Umbettung der Gebeine aus dem Grab vor der Kreuzkirche in die Krypta.
2001	Am 24. April spricht der Papst nach positivem Abschluss des sog. Tugendprozesses Anna Katharina Emmerick den „heroischen Tugendgrad" zu (1. Stufe des Seligsprechungsprozesses).
2002	Am 21. November erklärt die zuständige ärztliche Kommission in Rom die eingereichte Heilung auf Fürbitte der Emmerick als medizinisch nicht erklärbares Heilungswunder.

Verworfen – verehrt – vereinnahmt.
Anna Katharinas Schicksal
in Leben und Nachwelt

E rst fünf Wochen nach dem Tod von Anna Katharina Emmerick konnte Luise Hensel, für die die Verstorbene zu einer mütterlichen Freundin geworden war, nach Dülmen kommen, um das Grab zu besuchen. Sie pflanzte Nelken auf das Grab, weil sie wusste, dass die Verstorbene diese Blumen liebte. Die Postmeisterin, bei der die Hensel Unterkunft gefunden hatte, machte sie darauf aufmerksam, dass dies wohl sinnlos sei, da die Leiche keinesfalls mehr dort sei; denn der Leichnam sei durch einen Holländer entwendet, der im Auftrag von Kaufleuten mit einem Wagen gekommen sei, um sie zu holen.

Er soll 4000 Gulden, damals eine ungeheure Summe (heute ca. 2 Millionen Euro), für den Leichnam geboten haben. Der Dechant und die Regierung in Münster hatten das Ansinnen, den Leichnam zu verkaufen, zurückgewiesen. Da der Holländer nach einigen Tagen bei Nacht verschwunden war, war man allgemein der Überzeugung, er habe den Leichnam entführt. Luise Hensel entschloss sich deshalb, das Grab heimlich öffnen zu lassen, um das zu überprüfen. Sie konnte den Vikar Niesing, den Totengräber und seinen Gehilfen für dieses natürlich verbotene Unternehmen gewinnen.

Nachts machten sie sich auf den Weg zu dem vor den Toren der Stadt liegenden Friedhof. Nachdem sie sich versichert hatten, dass der Nachtwächter im entgegengesetzten Teile des Städtchens blies, durchschritten sie rasch das Stadttor und eilten heimlich zu dem Grab. Die Männer gruben den Sarg aus und hoben ihn aus der Grube. Luise berichtet: „Ich war in unbeschreiblicher Spannung, ob und wie ich die Geliebte finden würde. – Der Deckel des Sargs ward geöffnet, ich schaute begierig hin, voll Sehnsucht, die geliebten Züge zu erblicken." Sie erschrickt zunächst heftig, da das Gesicht auf der einen Seite schon von Schimmel überzogen ist. Bei längerem Hinsehen aber scheint es ihr, als ob die Spuren verschwinden, sie erkennt das vertraute Gesicht. „Ihre Züge wurden mir immer lieblicher, sie schien zu schlafen, es war nicht die geringste Verzerrung an ihr und ihre feine gradausgestreckte, in feines Linnentuch gehüllte Gestalt hat mir unvergesslich ein rührendes Bild hinterlassen."

Nachdem sie die Grube wieder geschlossen und das Grab wieder hergerichtet hatten, kehrten sie in die Stadt zurück. Es war verabredet worden, dass die ganze Aktion geheim bleibt. Luise Hensel musste sogar ihre Hand darauf geben, da sonst die Existenz der Totengräber gefährdet gewesen wäre.

Von dem Vorgang ist Luise Hensel so berührt, dass sie zwei Tage lang in dem Gasthaus auf dem Zimmer bleibt unter dem Vorwand, dass sie sich nicht gut fühle. Als sie am darauf folgenden Tag an den Familientisch des Postmeisters kommt, empfängt sie die Frau mit den Worten: „Denken sie nur: man hat die Emmerick ausgegraben!" Luise Hensel erschrickt zutiefst, denn sie muss annehmen, dass ihre nächtliche Aktion beobachtet worden sei. Sie versucht, sich ihren Schrecken nicht anmerken zu lassen und spielt Erstaunen vor: „Das ist ja unglaublich; wer sollte denn das gewagt haben?" Die Postmeisterin erzählt, ihre drei Waschfrauen seien in der letzten Nacht zur Bleiche gegangen und hätten auf dem Kirchhof, an dem sie vorüber mussten, viele Männer und mehrere Laternen gesehen, sie hätten dabei den Bürgermeister und verschiedene Männer aus der Stadt erkannt.

Luise Hensel ist sehr erleichtert, möchte nun aber ihrerseits wissen, was es mit der Beobachtung der Frauen auf sich hat. Deshalb wird der Nachbar, der Schreiner des Sarges, den die Frauen erkannt hatten, befragt. Es wird erneut

Schrecken ausgelöst, nun bei den Nachbarn, die sich ihrerseits ertappt fühlen. Es kommt heraus, dass der Bürgermeister vom Oberpräsidenten von Vincke den Befehl erhalten hatte, das Grab heimlich in Gegenwart von sieben Zeugen zu öffnen und ein Protokoll über den Leichenbefund vorzulegen. Der Schreiner, der die Leiche in den Sarg gelegt hatte, musste bekunden, dass die Leiche tatsächlich die der Emmerick sei.

Ein Krimi könnte nicht dramatischer, gespenstischer beginnen!

In dieser Szene kurz nach dem Tod der Emmerick sind wie in einem Brennglas die so ganz unterschiedlichen Auffassungen über die Rolle der Emmerick gebündelt.

Da ist einmal die weit über die Grenzen des Landes reichende Bekanntheit der „Dülmener Nonne".

Da ist die tiefe Freundschaft und fromme Verehrung.

Da ist die Sehnsucht, in der durch die Wundmale Gezeichneten ein sichtbares Zeichen des Göttlichen in der Welt zu sehen.

Da ist der Wille, sich dieser göttlichen Zeichen zu bemächtigen, sie in magischer Weise zu gebrauchen oder Geschäfte damit zu machen.

Da ist auch die Angst der staatlichen Macht, die Verehrung, der Kult mit der Person der Emmerick könnte in dem von einem protestantischen Königshaus regierten preußischen Staat zu einer Restauration der Macht der katholischen Kirche führen.

Schon zu ihren Lebzeiten haben diese unterschiedlichen Vorstellungen das Bild der Emmerick bestimmt und sind kontrovers diskutiert worden. In ihrer Nachwirkung leben die kontroversen Anschauungen fort, sind vielfach in einem Prozess der Legendenbildung noch vermehrt und verstärkt worden. Viele dieser Vorstellungen waren sehr weit entfernt von dem tatsächlichen Leben und Wirken der Emmerick, alle aber waren nicht von ihr intendiert.

Leider hat auch Clemens Brentano, der, wie noch zu zeigen sein wird, der Emmerick sehr nahe stand, manche Züge im Bild der Emmerick einseitig hervorgehoben, manches in seiner dichterischen Fantasie verändert, anderes übersehen. Er hat zwar wie kein anderer dazu beigetragen, dass die Emmerick weiter lebt im Gedächtnis. Denn er hat ihre Visionen niedergeschrieben und veröffentlicht. Doch war die Emmerick schon vor der Veröffentlichung über die Grenzen des Landes bekannt. Als das erste, sicher auch am meisten verbreitete Werk aus der Reihe der Visionen: „Das bittere Leiden", 1833 erschien, war die Emmerick schon neun Jahre tot. Dennoch wurde es eines der meist gekauften Bücher des 19. Jahrhunderts, mit größeren Auflagen als die Werke von Goethe und Schiller. Bis 1926 gibt es 77 Auflagen, dazu 16 Auflagen von Teildrukken. Es erschienen Übersetzungen in viele europäische Sprachen, allein in Frankreich 38 Auflagen bis 1880.

Die weite Verbreitung des Buches wie aller anderen aus den Visionen der Emmerick entstandenen Bücher beruhte weitgehend auf der Bekanntheit der Emmerick, denn Brentano wird als Verfasser nicht genannt, bescheiden nennt er sich darin „der Schreiber" oder „der Pilger". Nur Eingeweihte wussten, dass sich dahinter Clemens Brentano verbarg. Die Leser erfuhren neben dem Titel: „Das bittere Leiden unseres Herrn Jesu Christi" nur: „Nach den Betrachtungen der gottseligen Anna Katharina Emmerich". Hauptsächlich durch dieses Werk ist die Emmerick im 19. Jahrhundert eine wichtige Gestalt einer neuen durch das Buch begründeten Volksfrömmigkeit geworden, das aber nur durch die entscheidende Mithilfe von Brentano.

Der Ruf der Heiligkeit und die breite Wirkung der Emmerick im 19. Jahrhundert hätten die selbstverständliche Grundlage für eine Seligsprechung im 19. Jahrhundert sein müssen. Leider ist das durch widrige geistesgeschichtliche und politische Umstände verhindert worden. (Dargestellt werden die Umstände von J. Adam in Symposion 2, 1990). Es ist einmalig, dass eine religiöse Gestalt, deren Name nicht in dem Kalender der Heiligen/Seligen der Kirche steht, so weit verbreitet verehrt wird und so lange im Bewusstsein fortlebt wie die Emmerick. Viele haben an ihr Orientierung, viele zum Glauben gefunden. Kann sie diese Rolle für uns heute noch spielen?

Was bleibt für uns heute bedeutend von dem, was die Zeitgenossen der Emmerick an ihr geschätzt, was sie mündlich und schriftlich über sie den nachfolgenden Generation in einer lebendigen Tradition weitergegeben haben?

Die Stigmatisation?

Damals in der Welt der Aufklärung und des schwindenden Glaubens an eine übersinnliche Wirklichkeit waren die Stigmata für viele ein sichtbares Dokument für das Wirken Gottes in der Welt. Für alle, die damals von ihr hörten, waren die Stigmata der Anlass, sie zu besuchen, sich näher mit ihr zu beschäftigen. Für viele Verehrer der Emmerick sind sie sicher auch heute noch von großer Bedeutung: Sie sind für viele das Siegel Gottes für die Gottverbundenheit der Emmerick.

Sprechen aber die Stigmata heute noch die vielen in ihrem Glauben unsicher Gewordenen, die Fragenden, die nach religiöser Orientierung Suchenden an?

Die Visionen?

Die weite Verbreitung der Visionen im 19. Jahrhundert zeigt die Bedeutung für die damalige Zeit. (Das Problem, wie viel der in den Büchern veröffentlichten Visionen von Anna Katharina selbst, wie viel aus andern mystischen Schriften oder von Brentano stammt, kann hier nicht erörtert werden.) Wer heute dazu greift, kann nur mit Staunen feststellen, wie präsent der Emmerick das Alte und das Neue Testament, die Gestalten vieler Heiliger waren. Dabei reichen ihre Visionen noch weit über das in den Büchern der Bibel Dargestellte hinaus. Sie stellt neben die einzelnen bekannten Gestalten ganze Familien, reichert die Erzählungen mit einer Fülle von Details und einer Farbigkeit von Bildern an, so werden z.b. beim Abendmahl die Vorbereitung, der gesamte Ablauf, ja sogar noch die Kleidung der Teilnehmenden beschrieben. Aus den in der Bibel kurz gefassten Darstellungen wesentlicher Ereignisse werden dadurch in ihren Visionen ausgemalte Erzählungen, wie sie die damalige Zeit liebte. Diese erzählende (narrative) Theologie hat in einer Zeit der immer abstrakter werdenden Theologie zu einer Veranschaulichung der biblischen Texte geführt. Es bleibt heute wie schon damals den Fachleuten, z.b. den Priestern in ihrer Umgebung, unerklärlich, woher diese Frau das alles hatte. Denn sie hat nur wenige Monate die Schule besucht, lange Zeit ihres Lebens mit der Hände Arbeit verbracht. So rätselhaft es uns ist, so war es auch für Anna Katharina selbst: „Sie wunderte sich darüber, dass ihr alles so lebhaft vorschwebe, indem sie das doch nicht alles habe lesen können", sagt sie Dr. Wesener.

Doch allein die geringe Nachfrage nach den Büchern heute zeigt, ein weites Publikum wird damit heute nicht mehr erreicht, danach greifen nur Kenner.

Was also bleibt? Man müsste sie vielleicht noch einmal ausgraben, denn viele Facetten aus dem Leben dieser ungewöhnlichen Frau sind nicht so recht ans Licht gehoben. Jede Zeit hat die Seiten sichtbar gemacht, die für diese Zeit wesentlich schienen, hat dabei manches überzeichnet, leider auch manches verzerrt. Deshalb gilt es, das Bild der Emmerick freizulegen von den Übermalungen der vielen Jahre seit ihrem Tod.

Die „Dulderin" – Eine damals ungewöhnlich selbstständige Frau

Leben in Armut und Not

Am befremdlichsten ist für uns das Bild der „Dulderin", der „Leidensbraut", wie die Emmerick im 19. Jahrhundert weitgehend bezeichnet wird. Auch in der Neuausgabe des Tagebuches von Dr. Wesener zum 150. Todestag der Anna Katharina Emmerick (1974) spricht der Verleger Pattloch von „der stillen Dulderin A.K.E.". Für viele existiert die Emmerick nur im Leiden und in Ekstasen, in denen sie ihre Visionen hatte, andere Teile ihres Lebens bleiben ausgeblendet.

Die Bezeichnung „stille Dulderin" verbindet sich allzu leicht mit dem von der katholischen Kirche lange gepflegten Bild der gefügigen, unterwürfigen, von der Selbstbestimmung ausgeschlossenen Frau. Die Seligsprechung einer solchen Frau würde viele innerkirchliche und außerkirchliche Kritiker in ihrer Meinung bestätigen, dass die Kirche an einem rückwärts gewandten Frauenbild festhält, es mit der Seligsprechung einer solchen Frau zementieren möchte.

Doch das einseitige Bild der „Dulderin" ist eine Verfälschung des wahren Bildes der Emmerick. Es erfasst nur einseitig die Tatsache, dass die Emmerick nicht nur ihr eigenes, unvorstellbares Leiden geduldig ertragen hat, sondern auch an dem unermesslichen Leiden ihrer Zeit teilgenommen, vor allem aber sich dem leidenden Christus in besonderer Weise verbunden gefühlt hat. Andere Bereiche ihres Lebens werden dabei leicht ausgeblendet. Vor allem aber beruht die Verfälschung auf einem Typus von Heiligendarstellungen. Danach ist der/die Heilige von Gott ergriffen, von Kindheit an, zumindest aber von einer bestimmten Lebenswende an, ist von Gott zum Heiligen

bestimmt, sein Leben ist dann nur ein Sich-Einfügen in
den Willen Gottes. In den frühen Biografien, in volkstüm-
lichen Darstellungen ist auch Anna Katharina Emmerick
so beschrieben. So wird z.B. in der Biografie der Emmerick
von Wegener die Geburt von Anna Katharina verglichen
mit der Geburt Marias, denn Anna Katharina ist an dem
gleichen Tag geboren, „an welchem einst das wunderbare
Kind Maria seinen Eltern und der ganzen Welt durch seine gnadenvolle Geburt Freude gemacht hat. Ähnliches
sollte auch dieses Kind durch seine wunderbaren Gaben
tun, welche ihm der heilige Geist bei seiner Wiedergeburt
in der heiligen Taufe gegeben hat."

Die Vorstellung, Anna Katharina sei gleichsam ein pas-
sives Werkzeug Gottes, entspricht nicht den historischen
Tatsachen. Allerdings scheint die Kennzeichnung der
Anna Katharina als Dulderin von ihr selbst bestätigt in
dem Wort, mit dem sie die religiöse Prägung durch ihre
Mutter beschreibt: „Mein lieber Gott, schlage so hart als
du willst, aber gib Geduld." Um das zu verstehen, muss
man wissen, wie stark besonders die armen Menschen in
der damaligen Zeit in ihr Schicksal eingezwängt waren,
wie sie fast wehrlos Not, Krankheit und Tod ausgesetzt
waren. Auch wird nur so verständlich, welche Rolle das
Leiden im Leben der Emmerick gespielt hat, denn sie hat
das Leiden nicht gesucht, es war ihr vorgegeben. Es war
eine „sterbensreiche Zeit". Clemens Brentano z.B. verlor
als Heranwachsender seine Mutter, Jahre danach seine
liebste Schwester. Seine Sehnsucht, ein Kind zu haben, er-
füllte sich nicht, zwei Kinder starben kurz nach der Geburt, bei der Geburt des dritten Kindes starb nicht nur das
Kind, sondern auch seine Frau. Der Dülmener Arzt, Dr.
Wesener, hatte 13 Kinder, von denen nur 8 überlebten.

Das Sterben von Frauen im Kindsbett gehörte für die
Zeitgenossen zum Lebensschicksal. Viele ansteckende
Krankheiten, die heute durch die Medizin eingedämmt

sind, waren verbreitet. Auch die Reichen, zu denen Brentano gehörte, konnten denen nicht entgehen. Für die Armen kamen dazu noch die durch Mangelernährung bedingten Krankheiten, vor allem aber auch die Hungersnöte bei Missernten. In einem Aufsatz schreibt der Dülmener Arzt Dr. Wesener über die Not 1817, „dass die arbeitende Volksklasse hier in meiner Gegend schon seit dem Monat März kein Brot und keine Kartoffel mehr schmeckt, und sich von Kraut aus den Hecken und allenfalls einer Tasse Kaffee (natürlich nur aus Gerste oder aus Eicheln gebrannt) ernährte."

Die damals weit verbreitete Tuberkulose traf (wie heute auch in den Entwicklungsländern) besonders die Armen. Dazu kamen die fürchterlichen Kriege im Gefolge der französischen Revolution und der Herrschaft Napoleons. Dülmen war davon besonders stark betroffen, da die Heeresstraße Münster-Dülmen bzw. Düsseldorf mitten durch den Ort führte. Die Kriegsfuhren machten im Ort Rast und nahmen ohne Entschädigung Quartier. Wir müssen uns die Situation in Dülmen damals so vorstellen, wie wir sie von den ärmsten Entwicklungsländern heute kennen.

Krankheit und Not waren auch bei den Emmericks zu Haus. Die beiden ältesten der neun Kinder sind im frühen Kindesalter gestorben. Als Anna Katharina 44 Jahre alt ist, leben von den neun Kindern noch fünf. Der Vater erkrankte im besten Mannesalter. Anna Katharina erzählt: „Meine Mutter hatte in der Schwangerschaft mit mir schwere Arbeit und war oft sehr krank." Und: „Ich habe in meinem 14. Lebensjahr unsägliche Schmerzen und Leiden in mir gehabt. Meine Eltern waren so schwer krank. Ich kniete in der Kammer bei dem Webstuhl und flehte zu Gott." Ihr späterer Arzt, Dr. Wesener, berichtet, dass „die Mutter mit einem kränklichen Mann und zwei rachitischen Kindern, unbeschreiblich viel Elend erlitt."

Anna Katharina selbst musste ihre Ausbildung als Näherin wegen Krankheit unterbrechen. Sie litt schon zu Beginn ihrer Klosterzeit, sie war gerade 28 Jahre, unter einer schweren Krankheit. Fast wäre ihr deshalb die Ablegung der Profess, der Gelübde, und damit die endgültige Aufnahme ins Kloster verweigert worden. Während des 10-jährigen Klosteraufenthaltes treffen sie mehrfach schwere Lungenerkrankungen und schwere Magen- und Darmerkrankungen, die sie an den Rand des Todes bringen. Zusätzlich wird sie Opfer eines Unfalles. Beim Hochziehen eines Korbes mit nasser Wäsche stürzt ihr der Korb auf den Unterleib. Zeitlebens leidet sie an den Folgen. Die letzten zwölf Jahre ihres Lebens war sie ständig ans Bett gefesselt, nicht wegen der Stigmatisation, wie viele heute meinen, sondern wegen Krankheiten, die mit den Möglichkeiten der Medizin damals nicht zu heilen waren.

Die Menschen damals verstanden Krankheit und Not im Allgemeinen als Strafe Gottes. Der strafende Gott bestimmte ihr Leben. So war ihre ganze Anstrengung darauf gerichtet, die Strafe Gottes abzuwenden: Geduld, die Verpflichtung zu harter körperlicher Arbeit bildeten deshalb den religiösen Kanon der armen Leute. Sie hofften so der größten Not, die sie als göttliche Strafe ansahen, zu entgehen. Das Lebensglück für die armen Leute bestand darin, sich gegen diese sie bedrängenden Umstände zu behaupten, in einem Kotten, in einer Lohnarbeit den Lebensunterhalt zu sichern, in einer großen Familie immer genügend Arbeitskräfte zur sozialen Sicherung zu haben und mit Fleiß, das für den Alltag Notwendige, mit etwas Glück auch etwas für Notzeiten zu erwirtschaften.

In diese Lebenssituation ist die Emmerick gestellt, und sie war den Bedingungen von harter Arbeit unterworfen, hat die ihr auferlegte Arbeit auch gewissenhaft als ihre Pflicht erfüllt. Pater Salmann betont ausdrücklich auf dem 1. Emmerick-Symposion (1982): „Die Heiligen sind im

Allgemeinen Menschen, die, bei aller Außerordentlichkeit, nicht den gewöhnlichen Lebensbedingungen enthoben sind ... Sie sind nicht in eine andere Sphäre entrückt." So ist auch Anna Katharina in dieses so eng begrenzte Leben gestellt, aber sie hat es nicht nur duldend hingenommen, sondern hat unter den schwierigen Umständen ihr Leben erstaunlich selbstständig gestaltet, ist ihren eigenen Weg gegangen.

Eine Kötterstochter als Nonne? Undenkbar!

Sie entstammt einer Köttersfamilie, fast der untersten Stufe der damaligen bäuerlichen Welt, darunter gab es nur noch die zur Ehelosigkeit verpflichteten Knechte und Mägde. Chancen, dieser Welt zu entrinnen, gab es kaum. Offensichtlich war sie körperlich gezeichnet von ihrer ärmlichen Herkunft, denn sie „war von Jugend an schwächlich und trug die Spuren der in frühester Jugend erlittenen Rachitis an sich." Schon als Kind war Anna Katharina in die Welt der Arbeit im Haus und auf dem Feld hineingezwungen: „Schon früh musste sie in einer angrenzenden dürren, wüsten Heide das Vieh ihrer Eltern hüten." „Wie sie größer geworden ist, hat sie die schwersten Arbeiten mittun müssen", so erfahren wir von Dr. Wesener. Die Köttersleute konnten nur durch harte Arbeit ihre Existenz sichern, deshalb wurden alle, auch die Kinder von klein auf, bei der Arbeit gebraucht.

Zur Schule kann sie nur vier Monate gehen, weil die Arbeit vordringlich ist. Aber Anna Katharina nutzt alle freie Zeit, um ihre Bildung zu verbessern. Beim Hüten des Viehs, an den Sonn- und Feiertagen, an den Abenden, während die anderen Kinder spielen, die Heranwachsenden sich vergnügen, liest sie. Das war nicht immer einfach, da es in der freien Zeit meistens dunkel war. Sie er-

Der 1966–1970 renovierte Kotten in Flamschen.

Der nach dem Brand 1976 neu aufgebaute Kotten.

Die Tenne des Kottens.

Schlafkammer und angebaute Nähstube.

zählt, dass sie „halbe Nächte, wenn ihre Eltern und alle zu
Bette gewesen sind, sich in die Stube heimlich geschlichen
und mit der Lesung geistlicher Bücher zugebracht". Dazu
hat „sie oft kleine Endchen Licht von ihren Eltern wegge-
nommen, welche sie, wann die anderen wären schlafen
gegangen, angezündet, und sich damit in ein Eckchen gesetzt, um zu lesen oder zu beten." Diese Eigenwilligkeit
findet bei den Eltern wenig Anerkennung. Erzürnt schi-
cken sie das Kind ins Bett, wenn sie es dabei erwischen. Als
„hitzig und eigensinnig" sieht Anna Katharina sich selbst.
Sie weiß auch, dass sie „oft von den Eltern deshalb gestraft
worden" ist. Zeit ihres Lebens hat sie mit ihrer „lebhaften,
schnell aufwallenden Gemütsart" zu kämpfen, doch in
diesen Eigenschaften liegt auch eine Kraft, sich in einer
vom Gehorsam bestimmten Welt durchzusetzen.

Als 13-Jährige kommt sie für drei Jahre als Magd auf
den Bauernhof des Nachbarn, dem die Köttersleute zur
Dienstleistung verpflichtet waren. Als der Vater erkrankt,
kehrt sie auf den elterlichen Kotten zurück. Die Eltern haben für sie, wie es üblich war, eine Heirat vorgesehen. Sie
wünschen deshalb, dass sie auch an den Vergnügungen
der jungen Leute teilnimmt, um einen Mann zu finden.
Doch so gehorsam Anna Katharina die ihr zugewiesene
Arbeit übernimmt, hier widersetzt sie sich entschieden.

Die in der Lektüre gewonnene religiöse Bildung, die
bewusste Teilnahme an den kirchlichen Feiern öffneten
ihr die Tür in eine andere Welt. Sie war fasziniert von den
Erzählungen der Bibel, von den Geschichten der Heiligen,
von den bildlichen Darstellungen der heiligen Ereignisse.
Sie fühlte sich in ihrer religiösen Sensibilität zutiefst angesprochen und bald erwachte in ihr der Wunsch, Nonne zu
werden, um so im Gebet, in der Betrachtung leben zu können. „Immer habe ihr das einsame, kontemplative Leben
als das schönste, einzige Ziel aller ihrer irdischen Wünsche vorgeschwebt", berichtet Wesener.

Nichts bringt sie von diesem Ziel ab. Die Eltern halten ihr vor, dass sie in ihrer Armut nicht in einen Orden aufgenommen wird, denn Frauen mussten beim Eintritt in den Orden eine Mitgift einbringen. Doch Anna Katharina hält an dem gesetzten Ziel fest. Auch die Tatsache, dass sie „in ihrem 16. oder 17. Jahre von jungen Burschen ihresgleichen und von deren Eltern zur Ehe begehrt wurde", führt sie nicht dazu, das so schwierig zu erreichende Ziel aufzugeben. Ungefähr mit 20 Jahren (für eine Frau damals die höchste Zeit zur heiraten) bot sich ihr „eine sehr vorteilhafte Partie". Sie sieht zwar keine Möglichkeit, wie unter den damaligen Bedingungen ihr Weg ins Kloster führen kann, denn alle machen ihr deutlich, dass ihr aus der Unterschicht der Weg dorthin versperrt ist. Dennoch hält sie an dem Vorsatz, ins Kloster zu gehen, fest.

Den Eltern ist ihre Absicht, ins Kloster zu gehen, sehr zuwider. Deshalb unternimmt sie ihren ersten Versuch, ins Kloster in Darfeld aufgenommen zu werden, heimlich. Sie wird abgewiesen, verfolgt nun auch offen den Plan. Die Eltern reagieren „entrüstet, fuhren sie heftig an." In Traumbildern sieht sie immer wieder, wie ihr der Weg ins Kloster gewiesen wird. „Wachend sah ich bei der Abneigung meiner Eltern dagegen und bei meiner Armut immer die Unmöglichkeit ins Kloster zu kommen. Mein Traum aber führte mich immer ins Kloster und sagte mir: Der Allmächtige Gott vermag alles!"

Die Eltern halten der Tochter auch die moralische Verpflichtung vor, für die Eltern im Alter sorgen zu müssen, um so den Eintritt in ein Kloster zu verhindern. Für die fromme, pflichtbewusste junge Frau sicher eine unausweichliche Pflicht. Wie stark dieses Gebot Anna Katharina bindet, wird darin deutlich, dass sie sowohl den Pfarrer als auch ihren Beichtvater dazu befragt, dort aber erhält sie die Auskunft: „Da ihre Eltern mehrere Kinder hätten, behielte sie hierin ihre Freiheit."

Anna Katharina bewirbt sich bei mehreren Klöstern, wird aber, wie ihr die Eltern vorausgesagt haben, nicht aufgenommen. „Die Bauerndirne wollen wir nicht", muss sie erfahren. Auch diese Zurückweisungen, wahrscheinlich große Enttäuschungen für jemanden, der eine religiöse Entscheidung getroffen hat, aber aus materiellen Gründen zurückgewiesen wird, können sie nicht beirren.

Da Anna Katharina wegen ihrer anfälligen Gesundheit für die Feldarbeit nicht besonders geeignet war, geben sie die Eltern bei einer Näherin zur Ausbildung. Sie hofften auch, dass die neue Lebensperspektive, der Umgang mit anderen Leuten, sie von ihrem Klosterwunsch abbringen werde. Fünf Jahre arbeitet sie – mit einer Unterbrechung wegen Krankheit – bei einer Näherin in Coesfeld. Auch die Meisterin wollte Anna Katharina von dem Vorhaben abbringen, in ein Kloster einzutreten. Die Meisterin bot ihr an, „sie wolle im ehelosen Stande bleiben und alles mit ihr teilen, wenn Anna Katharina sich entschließen könnte, sie nie mehr zu verlassen."

Anna Katharina aber kehrt in das Elternhaus zurück und arbeitet fortan selbstständig als Haus- und Wandernäherin. Sie ist in ihrem Beruf offensichtlich geschickt und erfolgreich. Sie sagt selbst: „Ich hatte mir durch Nähen ein hübsches Sümmchen für ein armes Bauernmädchen zusammengespart, denn ich arbeitete flink, und jedermann hatte mich lieb, so dass ich Arbeit in Überfluss gehabt hatte." Heute zeugen noch einige von ihr selbst verfertigte Näharbeiten in der Anna-Katharina-Emmerick-Gedächtnisstätte von ihrer Geschicklichkeit. Sie bildet auch eine Gehilfin aus. Noch bei ihrer Aufnahme in das Kloster in Dülmen kommt ihr die erlernte Fähigkeit zugute. Die Oberin begründet die Aufnahme damit, Anna Katharina könne „wegen Geschicklichkeit im Nähen, Stopfen, Bordüren die Schulkinder und unser armes Kloster einen wesentlichen Dienst und Nutzen verschaffen".

Der Vater baut ihr an den Köttershof eine Nähstube an. Diese diente nicht nur als Werkraum für Anna Katharina und die Gehilfin, sondern auch als Wohn- und Schlafraum für die beiden. Sicher war auch dieser von dem Vater gefertigte Anbau ein Versuch, Anna Katharina an das Elternhaus zu binden und sie von ihrem Wunsch, Nonne zu werden, abzubringen.

Man könnte auch meinen, dass die Selbstständigkeit, die sie erreicht, das kleine Vermögen, das sie sich mit ihrer Arbeit erworben hat, nun auch eine neue Lebensperspektive gegeben hätten. Doch sie hält unbeirrt an dem gesetzten Ziel fest, schaffte sich mit der Leinwand, in der sie zumeist bezahlt wurde, eine Mitgift für das Kloster.

Es scheint sich eine neue Möglichkeit für sie zu bieten, da die Klarissen in Münster eine Nonne suchen, die Orgel spielen kann. Das hat sie, die ständig nach Wegen ins Kloster sucht, in Erfahrung gebracht. Sie ist nun schon fünfundzwanzig Jahre, hat natürlich noch nie ein Instrument spielen können, dennoch traut sie, immer zu kühnen Entschlüssen bereit, sich zu, das Spielen der Orgel zu erlernen. Sie gibt dafür ihre Selbstständigkeit auf, verdingt sich bei dem Kantor Söntgen in Coesfeld, damit er ihr für ihre Arbeit das Orgelspielen beibringt. Das war nur gegen den Widerstand der Eltern durchzusetzen. „Wie sehr mussten hierbei die Worte der Mutter Anna Katharina schmerzen, als sie zu ihr sprach: ‚Du hast mir großes Herzeleid angetan, dass du von uns mit aller Gewalt weg ins Kloster willst; wenn ich den Platz zu Hause sehe, wo du gesessen hast, dann bricht mir das Herz – aber du bist doch noch mein Kind'." Noch schärfer, ja geradezu erbarmungslos, äußert sich der Vater: „Lieber wollt' ich dein Begräbnis als deine Aussteuer für das Kloster bezahlen."

Die enormen Widerstände bringen sie nicht von dem für sie fast unerreichbaren Ziel ab, man muss sich dabei bewusst machen, welche Rolle damals die elterliche Auto-

rität spielte, wie gering die Unterstützung von Menschen
außerhalb der Familie war. Anna Katharina sprengt den
engen Rahmen der den armen Leuten zugeschriebenen
Rollen, so ist ihr Weg ins Kloster geradezu ein Muster von
Eigenständigkeit und Beharrlichkeit, von Selbstbestimmung, wie sie damals ganz allgemein, besonders aber für
Frauen sehr ungewöhnlich, für Frauen der Unterschicht
nahezu ausgeschlossen, und deshalb auch schwer durchzusetzen war. Frau Emmerick, die Bäuerin, Nachbarin des
Kottens, bei der Anna Katharina als Heranwachsende gearbeitet hatte, sagte: „Wenn ich ihr abriet, doch ihr Vorhaben, Nonne zu werden, aufzugeben, weil sie alles Ihri-
ge zusetzen müsste, so antwortete sie: ‚Davon müsst ihr
mir nicht sprechen, sonst kann ich eure Freundin nicht
sein. Dies muss ich tun, und ich will es tun'."

Als Nonne unter dem Druck zur Konformität

Im Kloster ist sie zwar zum Gehorsam verpflichtet, sie hat
sich aus innerster Überzeugung dieser Regel unterworfen. Dennoch gibt sie ihren eigenen Willen auch im Kloster nicht auf.

Da sie nichts an Vermögen in das damals verarmte
Kloster mitgebracht hatte, da sie oft und lange krank daniederlag und pflegebedürftig war, hatte sie von vornher-
ein unter den Schwestern keinen guten Stand. Die Säkula-
risierung hatte auch schon vor der Aufhebung des Klosters
in das Klosterleben Eingang gefunden. Denn klösterliche
Zucht und Frömmigkeit waren wohl nicht besonders aus-
geprägt in dem Kloster. Nach vielen Aussagen „war die
Disziplin so erschlafft und der Gemeinschaftsgeist so sehr
verloren gegangen, dass man kaum mehr wusste, was eigentlich Norm war und Anna Katharina Emmerick
scheint allein oder doch am tiefsten den Verfall, der sich

darin kund tat, empfunden zu haben". Der Dechant fordert in seinen Visitationsberichten „die Wiederherstellung und Erhaltung der schwesterlichen Eintracht und Liebe" und droht sogar Strafen an, wenn die von ihm erlassenen Vorschriften dazu nicht eingehalten würden. Anna Katharina hatte sich auch getäuscht, wenn sie bei ihrem Klostereintritt davon ausgegangen war, dass sie hier ihre Religiosität voll entfalten könne. Als sie nämlich am Anfang nach dem gemeinsamen Abendgebet in der Kirche sitzen bleibt, wenn die anderen weggingen, entsteht ein Murren im Kloster, so dass ihr die Oberin untersagt, länger in der Kirche zu bleiben.

Allein dies zeigt, welchen Druck die Mitschwestern, die das klösterliche Leben offensichtlich nicht so ernst nehmen, auf sie ausüben. Interessant ist, dass die Oberin, ihr ermöglicht, außerhalb der Zeiten des gemeinschaftlichen Gebetes, in der Klosterkirche zu beten. Auch die von Anna Katharina gewünschte häufigere Kommunion stößt auf solchen Widerstand der anderen Schwestern, dass der Beichtvater dazu übergeht, ihr heimlich den Empfang der Kommunion zu ermöglichen. Es nimmt kein Wunder, dass sie unter diesen Umständen als „Heuchlerin", als „Scheinheilige" gehänselt wird, was sie natürlich enorm schmerzt. Schlimmer aber noch ist, dass ihre Krankheiten als „Verstellung", „Einbildung", „Übertreibung" angesehen werden und man sie deshalb manchmal hilflos und unversorgt im Bett liegen lässt.

Anna Katharina leidet sehr unter dem von den Mitschwestern ausgeübten Druck, aber sie wehrt sich auch dagegen. Alle der befragten Nonnen bekunden übereinstimmend, was die Oberin so formuliert: „Wenn sie glaubte, dass man sie nicht genug aestimierte (schätzte), und wenn ihr etwas zuwider geschah, so wehrte sie sich auch tüchtig." Sie hält an der von ihr gewählten Form des Betens, Betrachtens fest, findet aber wie hier mit der Oberin

oder mit dem Beichtvater Kompromisse, um keinen Anlass für Unwillen zu geben. Denn sie versteht auch: „Ich
war ihnen ein Rätsel."

In ihrer Wohltätigkeit gegenüber den Armen verhält
sie sich im Kloster ebenfalls souverän, denn sie gibt den
Armen Stoffreste, von denen sie glaubt, dass sie im Kloster
nicht mehr gebraucht werden, und fragt nicht erst lange
danach, ob sie das darf oder nicht. Von der Oberin und
von Mitschwestern wird ihr vorgehalten, dass sie dies
ohne Erlaubnis getan habe.

Als sie der Prokuratorin oder Aufseherin über die Ökonomie als Mithilfe beigeordnet wird, erhält sie damit ein
relativ selbstständiges Amt im Kloster, denn die beiden
verfügten neben der Oberin und Küsterin über einen eigenen Schlüssel. Die Oberin zollt ihrer Arbeit große Anerkennung: „Seitdem ihr die Obsorge über das Bauhaus und
über die Gärten mit anvertraut war, beförderte sie das
Beste des Klosters, so dass wir alle sie loben mussten." In
dem ihr übertragenen Bereich arbeiten vor allem Arbeitskräfte, die nicht zur Klostergemeinschaft gehören. Es wird
ihr immer wieder bescheinigt, wie mildtätig sie gegenüber
den Mägden und Arbeitsleuten war, „aber sie hielt sie
doch auch an, dass sie ihre Schuldigkeiten beobachten
mussten." Bei aller Freundlichkeit und Zuneigung lässt sie
sich die Führungsrolle nicht aus der Hand nehmen.

1812 verlässt sie als Letzte das Kloster. Sie ist so krank,
dass man sie herausführen muss. Bei Abbé Lambert, einem
französischen Priester, der während der Verfolgung der
Priester in der Französischen Revolution aus Frankreich
emigriert war und im Kloster Agnetenberg Aufnahme gefunden hat und der nun ebenfalls das Kloster verlassen
muss, findet sie Unterkunft als Haushälterin. „Sie besorg-
te die kleine Hauswirtschaft ganz vortrefflich", urteilt ihr
Arzt, Dr. Wesener. Nach einem halben Jahr ist sie so
schwer krank, dass sie bettlägerig wird und die Arbeit

nicht mehr ausführen kann. Man holt ihre jüngere Schwester Gertrud (westfälisch: Drüke) als Hilfe. Diese, von allen als schwierig beschriebene Person, war offensichtlich unfähig zur eigenständigen Führung des Haushaltes, so dass Anna Katharina viele Arbeiten vom Bett aus erledigt und ihre Schwester anleitet.

Als Schwerkranke, als Objekt der Untersuchungen

Nun ist sie mit dem Versuch, ihrem Leben ein eigenes Gesicht zu geben, vollständig gescheitert. Denn die Krankheit erweist sich als so schwer wiegend, dass sie das Bett, d.h. auch die enge Kammer nicht mehr verlassen kann. Man muss sich dabei vor Augen halten, es besteht damals keine Möglichkeit, dass etwa durch Tonträger, durch Radio oder Fernsehen etwas von außen und sei es Musik in das Zimmerchen dringt. Auch gibt es nicht wie heute die Möglichkeit, mit Hilfe des Telefons eine Verbindung nach außen herzustellen. Wenn die Besucher gegangen sind, ist es ein Raum absoluter Einsamkeit und Stille. Sie ist zu einem passiven Objekt von Pflege geworden.

Aber das Erstaunliche ist, sie gibt auch hier noch ihrem Leben Gestalt, wie noch zu zeigen sein wird. Fast kann man sagen, dass ihr Leben erst jetzt seine eigentliche Gestalt gewinnt. Möglich ist das nur, weil sie diese Form des Lebens, das sie sich so nicht gewählt und gewünscht hat, annimmt, weil sie weiß, dass sie auch als hilflos Kranke einen Wert hat. Sie nutzt die ihr gegebene Zeit und Einsamkeit zu intensivem Gebet, zu ihrer Form der Betrachtung und Meditation in Bildern. So sprengt sie den so eingeschränkten Lebensraum, indem sie in ihren Gesichten, Visionen teilnimmt an der Welt der Bibel, am Leben der Kirche, der Heiligen. Und sie stößt damit, völlig unbeabsichtigt, auch die Tür ihrer Kammer auf nicht nur für die vielen Besucher, die an „ihrer Welt" teilhaben wollen, sondern weit in ihre Zeit hinein und über ihre Zeit hinaus.

Fast noch stärker als durch ihre Krankheit ist ihre Selbstbehauptung eingeschränkt durch die öffentliche Kontrolle, die durch das von ihr ungewollte Bekanntwerden ihrer Stigmata ausgelöst wird. Sie sieht es selbst als „Mein Elend, seit ich aus dem Kloster in die Welt und wie an die Heerstraße gelegt ward ... Gott hat das öffentliche Daliegen vor den Augen der Welt, alle die Verdächtigung, Schmach und Quälerei der Untersuchung über mich verhängt." Ihr Zimmer lag tatsächlich an der oben beschriebenen durch Dülmen führenden Heerstraße.

Neben den vielen Privatleuten, darunter viele Ärzte, die eine medizinische Sensation in Augenschein nehmen möchten, sind es die Vertreter der kirchlichen und staatlichen Behörden, die mit der Autorität ihrer überlegenen Bildung, ihrer gesellschaftlichen Herkunft (die Spitzen der Behörden sind alles Adlige) und der Macht ihres Amtes sich ein Verfügungsrecht über sie anmaßen. Die einen wollen durch ihre Untersuchungen nachweisen, dass ihre Stigmata, ihre Nahrungslosigkeit auf übernatürlicher Einwirkung beruhen – d.h. Wunder sind, die anderen wollen diese Phänomene als Betrug entlarven. Beide Seiten missachten dabei ihre Person und beide Seiten verfallen damit dem gleichen Irrtum, indem sie glauben, ihre Sache mit den damals gängigen wissenschaftlichen Methoden nachweisen zu können.

Treffend hat das Brentano beschrieben: „Es war ein schwerer Beruf, allen ein Rätsel, den meisten eine Verdächtige, vielen ein Gegenstand scheuer Verehrung zu sein, ohne in Ungeduld, Hass oder Stolz zu fallen. So gern sie sich von der Welt verschlossen hätte, nötigte sie bald der Gehorsam, unzähligen Neugierigen ein Gegenstand der verschiedenartigsten Beurteilung zu werden. Die heftigsten Schmerzen leidend, hatte sie gewissermaßen auch noch ihr Eigentumsrecht an sich selbst verloren und war ohne irgendeinen Vorteil zum Nachteil ihres Leidens und ihrer Seele gleichsam zu einer Sache geworden, welche zu beschauen und zu beurteilen jedermann das Recht zu haben glaubte."

Ähnlich hat es auch Achim von Arnim, Brentanos Schwager, bei seinem Besuch in Dülmen gesehen: „Es gibt vielleicht ein neues Martyrium, in welchem Leute nicht aus Hass, sondern bloß aus Wissbegierde, um zu sehen, was eine fromme Seele eigentlich sei, in Scheidewasser und Feuer gesteckt und lebendig anatomiert werden", schreibt er seiner Frau Bettine, der Schwester Brentanos.

Den kirchlichen Behörden fühlt sie sich stark zum Gehorsam verpflichtet, da ihr von den Geistlichen immer wieder deutlich gemacht wird, dass sie sich den von ihnen gebotenen Unannehmlichkeiten unterwerfen müsse, um Gottes Willen zu erfüllen. Auch möchte sie nicht, dass die Kirche durch ihre Verweigerung Schaden nehmen könnte. Doch setzt sie auch hier den Anforderungen ihre Grenzen. So schließt sie aus, dass die beiden ganz jungen Ärzte der Kommission angehören, die sie beobachten und untersuchen soll. „Dass solche jungen Leute wie Ignatz von Olfers, der wohl noch nicht einmal 20 Jahre alt ist, Tag und Nacht vor meinem Bette sitzen sollen, ist mir unausstehlich. Solches muss ich mir verbitten."

Vor allem aber weigert sie sich, Dülmen zu verlassen. Man begreift erst, was ihr mit der Forderung, Dülmen (zumindest für eine Zeit) zu verlassen, auch kirchlicherseits zugemutet wird, wenn man weiß, dass sie zu diesem Zeitpunkt schwer krank ist. Ihr Arzt schreibt im Krankentagebuch: „Der Puls war so gesunken, dass ich sicher und sie selbst ihren Tod erwarteten." Oder am Tag danach: „Abends war sie ganz elend, endlich erbrach sie sich, und hiernach hätten wir sie für tot gehalten, wenn uns nicht

noch ein kleiner schwacher Puls einen Lebensfaden verraten hätte." Einen Tag später: „Abends war die Kranke sehr
elend und Herr Limberg, welcher die ganze Nacht bei ihr
gewesen, glaubte mehrere Male, sie werde sogleich sterben."[1]Man muss sich gleichzeitig bewusst machen, die
einzige Transportmöglichkeit auch für Kranke war damals
ein Pferdefuhrwerk.

Die kirchliche Behörde kannte genau den Ernst der Erkrankung. Denn der Generalvikar, der den Transport an-
geordnet hat, bittet zur gleichen Zeit darum, dass man ihn
unverzüglich unterrichten möchte, wenn sie – womit er
und viele andere rechnen – sterben sollte. Aber selbst der
ihr so wohl gesonnene und verständnisvolle Overberg ist
der Meinung, dass sie das Risiko, beim Transport zu sterben, als Unterwerfung unter den Willen Gottes annehm-
men müsste. Das aber lehnt sie entschieden ab, denn das
könne Gott nicht von ihr verlangen.

Noch entschiedener als bei der kirchlichen Untersuchung 1814 musste sie sich bei der staatlichen Untersuchung 1819 behaupten, denn hier ging es um ihre moralische Vernichtung. Die seit sechs Jahren bettlägerige Kranke schien dem preußischen Staat, der über das Königshaus
und mit dem größten Teil der Bevölkerung mit dem Protes-
tantismus verbunden war, zu einer Gefahr geworden zu
sein. Die zuständigen Beamten glaubten, die katholische
Kirche, besonders eine Gruppe französischer Geistlicher
wollten „den Gebräuchen und Zeremonien der katholischen Kirche das verlorene Ansehen wieder verschaffen
und den Glauben an Legenden und derlei Geschichten wieder herstellen". (Man muss sich dazu bewusst machen, dass
Preußen das bis 1803 vom Fürstbischof von Münster regier-
te Land übernommen hatte.) Mit der Emmerick wollten sie
„wieder so ein Geschichtchen auf die Bahn" bringen.

Auf Weisung der Regierung in Berlin ordnete der Ober-
präsident von Vincke eine immer wieder angemahnte

Untersuchung an. Anlass dazu war der „Zulauf besonders von Fremden, vornehmen und geringen Stands, wegen der angeblichen Wundergeschichten an dem Körper der vormaligen Nonne Anna Katharina Emmerick zu Dülmen." Von Vincke setzte den Landrat von Bönninghausen, der die Untersuchung immer wieder hinausgeschoben hatte, unter Druck, indem er ihm den Regierungsrat Borges für die Untersuchungskommission zuordnete. Ziel des Verfahrens war aber keine Untersuchung, deren Ergebnis ja nicht schon vorher feststehen konnte, sondern die Entlarvung der Emmerick als Betrügerin. Borges und von Vincke waren offensichtlich überzeugt, dass die Stigmata Betrug seien. Zur Durchsetzung dieser Überzeugung im Interesse des preußischen Staates setzten sie alles daran, den Betrug nachzuweisen und die Emmerick zum Eingeständnis dieses Betruges zu bringen.

Wie die Emmerick besonders bei der staatlichen Kommission zu einem bloßen Objekt wird, das geht aus der „Instruktion für die staatliche Untersuchungs-Kommission" hervor. Darin heißt es: „Die Kommissarien müssen von diesem Augenblicke, wo die eigentliche Beobachtung anfängt, die strengste Aufmerksamkeit und Vorsicht auf den zu *beobachtenden Gegenstand* (sic) verwenden, denselben auch nicht einen Augenblick aus den Augen lassen." „Jede einigermaßen sachdienliche Beobachtung über den Zustand der Emmerick, wobei die Beschaffenheit der Haut, die Gesichtsfarbe, ob dieselbe nämlich bald blass, bald rot wird, das Atemholen, der Puls, die Lage im Bette, kurz jede Erscheinung von Erheblichkeit bemerkt werden muss, und über die Beschaffenheit ihrer Male, jede Veränderung derselben, so wie jede ihrer Äußerungen wird von einem der jedes Mal Wachenden aufgezeichnet."

Zu dieser Untersuchung sollte die Kranke aus ihrer Wohnung geschafft, von allen, die bisher mit ihr zu tun hatten, getrennt werden. Sie ist zu dieser Zeit im August

1919 schon fünf Jahre ans Bett gefesselt. Immer wieder
findet sie ihr Arzt, Dr. Wesener, wie oben schon beschrieben, dem Tode nahe. Auch hier protestiert die Kranke gegen den Transport aus dem Haus. Dr. Wesener unterstützt
ihren Protest: „Als ich ihm (dem Regierungsrat Borges)
offen erklärte, dass nach meiner schwachen Einsicht die
Kranke nicht transportabel sei, ward er zornig und versicherte mich, er werde Gewalt gebrauchen." So geschieht
es schließlich auch. Allerdings muss der Landrat einen ersten Versuch abbrechen, da die Dülmener sich aus Protest
vor dem Haus versammelt haben. Am anderen Tag, als die
Dülmener ihrer Arbeit nachgehen, „ward die Kranke wirklich mit Gewalt, in Begleitung von Gendarmen, nach dem
Hause des Herrn Hofkammerrates Mersmann getragen,
woselbst sie ohnmächtig, aber doch lebendig ankam."

Ihr Bett wird in der Mitte eines großen Raumes pos-
tiert, dass es von allen Seiten beobachtbar war. Drei Wochen lang wird sie dort Tag und Nacht von Männern, darunter einige Ärzte bewacht. Bei Nacht mussten Kerzen
brennen, damit den Beobachtern nichts entging. Da die
Kranke ihr Bett nicht verlassen konnte, spielte sich ihr
ganzes Leben in dieser Zeit vor den Augen von fremden
Männern ab. Nur für die direkte Versorgung war eine von
der Kommission ausgesuchte, der Anna Katharina fremde
Frau bestellt.

Entblößungen für wiederholte körperliche Untersuchungen (diese sind ihr besonders peinlich, sie „bat, zu
bedenken, wie hart es ihr sein müsse, sich nun so besehen
zu lassen."), stundenlange Verhöre, immer wieder bis an
den Rand der Ohnmacht – selbst einer der Ärzte der Kommission fürchtet, „ich stehe nicht dafür, dass sie es lange
mehr aushält", vorgetäuschte Freundlichkeit und Mitge-
fühl mit der Kranken, um sie so zum „Geständnis" des
Betruges zu bewegen, Drohungen, Schreien des Landrates,
dann Versuche von Bestechungen mit dem Versprechen,

für die ganze (arme) Familie finanziell zu sorgen: „Sie kann sich und die Ihrigen glücklich machen." „Lügen soll ich sagen und dafür meine Freiheit erkaufen und damit Geld erkaufen." All das prasselt in den drei Wochen auf die Frau ein, die todkrank, hilflos im Bett liegend, völlig allein der Kommission ausgeliefert ist. Selbst ein Mitglied der Kommission, Dr. Zumbrinck, sagt empört über das Vorgehen des Landrates: „Welch ein Mensch!" Allerdings bleibt er in Gegenwart des Landrates ihm gefügig.

Anna Katharina setzt dieses Verfahren schwer zu, sie fällt immer wieder in Ohnmacht, sie spricht laut in Angstträumen: „Da sind sie, sie wollen mich fortholen, weg soll ich!" Als Dr. Wesener, der für die Zeit der Untersuchung von der Behandlung der Kranken ausgeschlossen war, sie nach Beendigung der Untersuchung wieder sieht, ist er erschrocken: „Ihr Anblick erfüllt mich mit Entsetzten. Sie war nun ganz und gar ein Gerippe. Ihre Augen waren matt, ihr Gesicht eingefallen und totenbleich." Dennoch hält sie psychisch bis zum Ende der Untersuchung durch und widersteht „dem hartnäckigsten und schrecklichsten Versuch, das Geständnis ihr auszupressen, dass die Erscheinungen an ihr Erkünstelung und Betrug seien."

Es beeindruckt selbst die Mitglieder der Kommission, mit welcher Souveränität sie dem Landrat begegnet: „Vielen schien's zu Herzen zu gehen, denn sie (einige Mitglieder der Kommission) hatten beim Weggehen, wie mir die Wärterin erzählte, unter sich über meine Reden gewundert, und gemeint, ich könnte es einem tüchtig sagen." Der Landrat reagiert auf die Reaktion der Emmerick mit „Wut, sein Gesicht sah unbeschreiblich fürchterlich aus, er schrie laut und stieß die hässlichsten Schmähungen und Drohungen aus."

Wäre es nicht denkbar, dass in dieser Situation vor allem jemand, der so schwer krank ist, psychisch zusammenbricht und dem, der dort eine solche Macht hat, sagt, was er hören will? Doch Anna Katharina bricht das Gespräch einfach ab: „Ich habe Ihnen nichts mehr zu sagen und kann Ihnen auch nichts sagen, denn Sie suchen keine Wahrheit. Ich fürchte mich vor Ihnen mehr als vor der ganzen Hölle. Indessen mit Ihren Drohungen, Versprechungen und Schmähungen richten Sie doch bei mir nichts aus, Gott steht mir bei."

Am Ende wirft sie dem Landrat Verschwendung von Steuern vor; immerhin war eine hochrangige Kommission drei Wochen lang mit ihr beschäftigt. „Man ... betrügt den Staat ums Geld, woran doch so mancher Schweißtropfen des gepressten, aufs Blut gedrängten Bürgers und Bauers klebt. ... Lieber sollte man das Geld auf Verbesserung des Armenwesens wenden." Das am Ende der Untersuchung ausgefertigte Protokoll endet mit Anna Katharinas Forderung: „Nach Beendigung dieser Untersuchung verlangte die Jungfer Emmerick, dass ich ihre Äußerung zum gegenwärtigen Protokolle mit aufnehmen möchte: dass alle Besuche auf ihren Körper einen höchst nachteiligen Einfluss hätten, und dass sie daher hoffe, von nun an mit allen ferneren Untersuchungen verschont zu bleiben."

Nach der Rückkehr in ihre Wohnung ziehen die Dülmener in einer Dankprozession zu der vor der Stadt liegenden Kreuzkapelle. Anna Katharina ist dem Tode nahe, Dr. Wesener notiert in seinem Tagebuch: „In der vorigen Nacht zwischen 12 und 1 Uhr wurde ich zu der Kranken gerufen und fand sie in den letzten Zügen, so dass ich nun sicher ihren Tod vor Augen sah." Pater Limberg, den er an ihrem Bett findet, berichtet: „Wie er vor etwa einer Viertelstunde angekommen sei, habe die Kranke völlig tot geschienen. Sie war ganz und gar wie eine Sterbende."

Wesener kennt den für Anna Katharina so schmerzhaften Vorwurf des Betruges und die brutalen Methoden der Untersuchung. Er weiß daher auch, dass der erbärmliche Zustand seiner Patientin darin begründet ist. Er kann deshalb auch ahnen, welche Gefühle die Kranke gegenüber ihren Peinigern haben muss. Als Anna Katharina wieder zu sich kommt, fragt Wesener sie, „ob sie allen Menschen verzeihe und keine Bitterkeit gegen jemanden im Herzen habe. Sie drückt mir die Hand und lächelte." Schon zu Beginn der Untersuchung hatte sie gebetet: „Verzeihe meinen blinden Nächsten, bewahre mich vor Ungeduld, Rache und allen bösen Gedanken gegen meine Peiniger." Für die richtige Einschätzung der Person der Emmerick ist wichtig: Anna Katharina sieht in aller Klarheit das Unrecht, das sie erlitten hat, sie beschreibt es auch, nachdem sich ihr Zustand gebessert hat, weil sie es damit auch deutlich zurückweist. Doch ganz bestimmt vom Geist der verzeihenden Liebe in der Nachfolge Christi verzeiht sie denen, die ihr das angetan.

Eine Dulderin? Für die mit so großer Geduld ertragene lange und schwere Krankheit trifft das sicher zu, aber für den so eigenständig gestalteten Lebensweg? Hier ist eine Frau, die die damals so eng gezogenen Grenzen von Herkunft und Bildung sprengt, die trotz all der widrigen Umstände die Gestaltung ihres Lebens in ihre eigene Hand nimmt und sich auch nicht aus der Hand reißen lässt. Auch als sie völlig gegen ihren Willen zum Objekt der öffentlichen Neugier wird, zu einer medizinischen Sensation, die man gesehen haben muss, über die Zeitungen berichten, als sie zum Objekt der unterschiedlichsten Deutungen und Interpretationen wird, bleibt sie souverän. Sie hat dieses In-die-Öffentlichkeit-gezerrt-Werden als schmerzhafter empfunden als ihre Krankheit, doch hat sie sich auch dadurch nicht aus der Bahn werfen lassen.

Ihre Souveränität zeigt sich auch und besonders in der Begegnung mit vielen der damaligen Bildungselite. Das Maß ihrer Eigenständigkeit, ihrer Souveränität in diesen Gesprächen kann man nur einigermaßen angemessen einschätzen, wenn man die damals bestehende Kluft zwi-

schen den gesellschaftlichen Schichten, die unüberwind-
baren Grenzen von Herkunft, Bildung und Lebensstil dabei berücksichtigt. Anna Katharina ist sich dieser Grenzen
bewusst: „Ich bin noch nie mit großen Leuten umgegangen und habe Scheu vor ihnen." Zusätzlich ist sie ans Bett
gefesselt, wird von Schmerzen gequält, was jeden in dieser Weise Kranken gegenüber Gesunden in eine Situation
von Unterlegenheit bringt. Dennoch wird sie für viele aus
der gebildeten Welt ein gesuchter gleichwertiger Ge-
sprächspartner, wie noch zu zeigen sein wird.

Das neue Gottesbild:
Vom strafenden zum liebenden Gott

Kind in einer Welt strenger Arbeitsmoral

Woher nahm Anna Katharina Emmerick die Kraft, so
selbstständig und beharrlich ihren eigenen Weg zu
gehen?

Schon in der frühen Kindheit schafft sie sich neben
dem Zwang der von den Eltern und der gesellschaftlichen
Situation der Armut auferlegten Pflichten in ihrer Religiosität ein Reich der Freiheit.

Ihre frühe Religiosität ist geprägt von der im Elternhaus und auch in der damaligen Theologie und Pastoral
stark auf die Moral fixierten Religion. Alle bisherigen Le-
bensbeschreibungen der Emmerick sehen in dem frommen Elternhaus den Ursprung von Katharinas Frömmigkeit. „Zielbewusst erzogen diese Eltern ihre Kinder für
Gott", heißt es bei Seller/Dietz oder an anderer Stelle: „Mit
welcher Freude werden wohl diese frommen Eltern ihre
Kinder betrachtet haben und deren Neigung zum Gebet."
Oder: „So legten die guten Eltern in ihren Kindern ein si-

cheres Fundament, eine Saat, die sie hüteten, damit sie gedeihe zu Gottes Ehre. In der tieffrommen Familienschule in Flamske stand die Wiege der Andacht und Seelengröße Anna Katharinas. Sie hatte vom Vater das tief ahnende Gemüt, von der Mutter den klar schauenden Blick das gesunde, rasche Urteil von beiden eine hohe Frömmigkeit." Anna Katharina selbst, die stets bemüht war, anderen nichts Schlechtes nachzusagen, spricht auch immer von den frommen und guten Eltern.

Es gibt auch genügend Belege aus den Erzählungen der Emmerick, die zeigen, wie der Vater das Kind zur Frömmigkeit erzieht. Er bringt ihm bei, wie man das Kreuzzeichen macht, er lehrt das Kind das Vaterunser, er spricht mit dem Kind über den Gottesdienst und über die Predigt, er betet mit dem Kind am Beginn oder während der Arbeit. Die Eltern sind ganz sicher „kirchen-fromme" Leute.

Doch wie erklärt sich der hartnäckige Widerstand der Eltern gegen den Eintritt in ein Kloster? Wie erklärt sich die Selbsteinschätzung der kleinen Katharina, die sich selbst für das schlechteste Kind der Welt hält?

In Anna Katharinas Rückblick auf ihre Kindheit findet man auch viele Wendungen, die verraten, dass die Frömmigkeit der Eltern von einer äußerst strengen Arbeitsethik und einer gewissen Härte in der Erziehung bestimmt war. Das mag damaligen Vorstellungen von Frömmigkeit weitgehend entsprochen haben, ist aber nicht die Frömmigkeit, die Anna Katharina am Ende ausgezeichnet hat, die Frömmigkeit, deretwegen sie verehrt wird.

„Nichts sei so abscheulich, als wenn die Sonne auf einen Schlafenden im Bette scheine. Davon kämen üble Krankheiten, worüber Haus und Hof, Land und Leute zu Grunde gingen." Oder: „Nichts ist so abscheulich, als wenn man hinauskommt, und all der Tau ist von den Leuten schon zertreten." Diese Redensarten des Vaters entsprachen sicher der damals gerade unter den armen Leu-

ten verbreiteten und auch notwendigen Moral zur Sicherung des Überlebens. Doch lässt die Radikalität: „Nichts ist
so abscheulich", schon aufhorchen. Noch deutlicher wird
die Schärfe in der Feststellung: „Mein Vater war sehr auf
die Arbeit bedacht, und ich wurde schon als zartes Kind
streng von ihm gebraucht, weil ich alles ziemlich geschickt ausrichtete. Sommers und winters setzte er mich
vor Tagesanbruch aus dem Bett hinaus mit bloßen Füßen
an die Erde."

Schärfer noch erfährt diese fast rücksichtslose Arbeitsmoral die Mutter von Anna Katharina. „Meine Mutter war
schon achtzehn Wochen vor der Schwangerschaft mit mir
sehr krank", erzählt sie, „und während sie hohen Leibes
war, war sie immer krank und sehr traurig und in der Ernte mit schwerer Arbeit geplagt." Wie der Vater die allgemein verbreitete strikte Arbeitsmoral teilt und unbarm-
herzig zu seiner Frau sein konnte, zeigt sich bei der nächsten Schwangerschaft. „Als meine arme unlustige Schwester empfangen wurde, und in der Schwangerschaft meiner Mutter mit ihr, waren meine Eltern nicht recht einig
zusammen. Mein Vater war aufgehetzt, die Leute sagten,
meine Mutter sei nicht für die Haushaltung, denn sie war
damals krank und schwächlich." Frauen, die damals, so
lange sie gebären konnten, fast ständig schwanger, dabei
auch mit der Versorgung der großen Zahl der schon geborenen Kinder beschäftigt waren, erfuhren bei der sonst
anfallenden Arbeit im Haus und in der Landwirtschaft keine Schonung. Auch bei den Emmericks waren die Kinder
in dichter Reihenfolge geboren worden (Mai 1766, Okto-
ber 1767, Dezember 1768, November 1771, September
1774, Juni 1777, September 1778, April 1782, August
1787). Wehe dem, der diesen Anforderungen wegen
Krankheit und Schwäche nicht gewachsen war!

Dieser harten Arbeitsmoral entspricht auch die Strenge,
mit der die Kinder erzogen wurden. Zwar findet man in den

Erzählungen der Emmerick durchaus auch Szenen, die einen liebevollen Umgang der Eltern mit den Kindern zeigen. Dazu gehören die oben beschriebenen Szenen der religiösen Unterrichtung. Der Vater Emmerick nimmt die kleine Katharina zwischen seine Knie, bezeichnet das als ihr „Kämmerchen", er trägt sie, als ihr bei der Beichte schlecht geworden ist, auf den Armen aus der Stadt nach Hause.

Doch die romantisierende Darstellung des Lebens auf dem Kotten der Emmericks, wie sie Seller/Dietz liefern, kann auf keinen Fall stimmen: „Dort steht die Mutter am offenen Feuer und erzählt den Kindern, die sich wärmend am Feuer zusammendrücken, schlicht und recht, warm und innig von der Liebe Gottes zu seinen armen Kindern, von der Menschen Dank und Undank. Wenn das Jüngste vom Schwesterchen weg, oder weg vom kleinen Hausgetier, mit dem es auf der Tenne zusammengesessen und gespielt hatte, zur Mutter eilt und seine Händchen in die Hände der Mutter kuschelt, dann schaut die Mutter dem blonden Flachsköpfchen in die hellblauen Augen, dann nimmt sie des Kindes zartes Händchen und lehrt es das heilige Zeichen. Und dann bettelt sie lächelnd und stolz um das kleine Gebetchen, das das Kind seit Sonntag neu lallen kann: Und der Vater schaut herüber vom Webstuhl, der in der Ecke aufgeschlagen ist, und sein Herz ist froh ... Wie er sich freut über die Mutter und die Kinder!"

„Meine Eltern waren fromm und sehr streng, aber nicht hart", beschreibt Anna Katharina ihre Eltern, aber von Strenge ist auch immer wieder die Rede. Manche Szenen zeigen, wie weit die Strenge ging. Sie berichtet: „Sie wäre von Jugend auf hitzig und eigenwillig gewesen, wäre auch darüber von ihren Eltern bestraft worden." Hier wird die auf strikten Gehorsam, auf Brechung des Eigenwillens ausgerichtete Erziehung deutlich.

Auch für uns heute, wo körperliche Züchtigung als Mittel der Erziehung keine Rolle mehr spielen sollte, ist es

noch verständlich, dass es „Stripse" gab, als die Eltern die
Kinder beim Spiel mit Feuer erwischten. Aber nicht mehr
so verständlich erscheinen uns andere Beispiele: Einmal
sollte sie das Haus hüten, hatte dem nicht Folge geleistet,
sondern hatte sich von einer Frau aus dem Haus locken
lassen. Dabei war sie gegen einen Pflug gerannt und besin-
nungslos zu Boden gestürzt. „In dieser Lage fand mich
meine Mutter und brachte mich mit einer tüchtigen Kin-
derzüchtigung für meinen Ungehorsam wieder zu Sin-
nen." Auch Wesener spricht in seiner „Kurzgedrängten
Geschichte der Anna Katharina Emmerick" davon, dass
„häuslicher Kummer und die harte Behandlung ihrer Mutter" die Entwicklung von Anna Katharina beeinflusst haben. Als Achtzehnjährige hatte sie sich bis zum Anbruch
der Nacht im Städtchen (Coesfeld) aufhalten lassen und
war nachts allein auf dem langen Weg nach Haus. „Da
kam mir mein Vater halb Wegs mit einem dicken Prügel
entgegen und sagte: Was weinst Du? Ich möchte gleich
diesen Prügel so lange auf dir zerschlagen, bis er so weich
würde wie du."

Man erkennt hier deutlich, das ist eine Erziehung, wie
sie bis in das 20. Jahrhundert weit verbreitet war. Strafen
und Demütigung erzeugten ein ständiges Unrechts- und
Schuldbewusstsein. In einer Gesellschaft, in der alle Bereiche des Lebens von der Religion bestimmt sind, wie es
damals im Münsterland war, sind diese Prinzipien der Erziehung auch Teil der Religion. Gott muss dann auch als
der strafende, richtende erlebt und verstanden werden.

Dies ist bei Anna Katharina auch so. „Weil mich meine Eltern oft schmähten und nie lobten, ich aber doch oft
andere Kinder von ihren Eltern loben hörte, so hielt ich
mich für das schlechteste Kind in der Welt, und mir war
sehr bange, dass ich so übel bei Gott stehen möge." Da die
Eltern auch das von anderen Kindern oft so unterschiedli-
che Kind nicht richtig verstehen: „Wurde ich", sagt sie,

„der Mutter ein Rätsel, so dass sie ganz widerwärtige Gedanken von mir kriegte, mich oft unschuldig strafte und hin- und herstieß."

Wie stark der Gedanke der Sündigkeit die Erziehung der Eltern bestimmte, zeigt ihr Bericht: „Wir mussten schon als Kinder an den Fastnachtstagen täglich vier Vaterunser mit ausgebreiteten Armen auf dem Angesicht liegend zu Gott beten für die Unschuld, die an diesen Tagen verführt wird, wie uns unsere Mutter befahl. Sie sagte immer: Kinder, ihr wisst und versteht das nicht, aber betet! Ich weiß es gewiss!"

Anna Katharinas Angst vor der Sünde ist so groß, dass sie als Kind oft betet: „Ach, lieber Herrgott, lass mich doch sterben! Denn, wenn man groß wird, beleidigt man dich durch große Sünden!" Auch erzählt sie später: „Dass sie damals die Sünde so gescheuet hätte aus Furcht nicht in den Himmel zu kommen, noch nicht aus rechter Liebe zu Gott." Und so spielen in ihren Kindheitsberichten die Angst vor der Sünde und die Skrupel bei der Beichte eine große Rolle. Auch waren viele religiöse Übungen des Kindes und der Heranwachsenden deshalb darauf gerichtet, den strafenden Gott durch auferlegte Bußen zu versöhnen.

Man kann nicht eindringlich genug darauf hinweisen, dass die religiöse Unterweisung, die Erfahrungen im Elternhaus und in der damaligen Gesellschaft ihr vor allem das Bild des strafenden Gottes vermittelt haben. Das soll keine Herabsetzung der erzieherischen Leistung der Eltern Emmerick, ihrer Religiosität oder Frömmigkeit sein. Denn eine auf die Moral fixierte Religion hat damals und weit bis in das 20. Jahrhundert hinein das christlich geprägte Milieu bestimmt. Man kann aber die Religiosität der Emmerick nicht verstehen, wenn man nicht den Ausgangspunkt erkennt, von dem her sich ihre Religiosität entwickelt. So wie sie eigenständig ihre Rolle im Leben bestimmt, so kommt sie gerade auch im Bereich ihrer Beziehung zu Gott zu einer eigenständigen Gestaltung.

Leider wird das in den bisherigen Biografien und auch in vielen Darstellungen zu ihrem Leben nicht richtig gesehen. Die Emmerick bietet in diesen Darstellungen dann nur eine besonders sensible Ausprägung der Religiosität der damals im Münsterland durchgehend kirchlich geprägten Gesellschaft. Und so kann es dazu kommen, dass sie schon damals in dem Umbruch der Zeiten, mehr aber noch heute entweder positiv als ein *Urgestein*, oder negativ als ein *Relikt* aus vergangenen Zeiten angesehen wird. All die zitierten romantisierenden Beschreibungen haben das Umfeld dafür geschaffen. Und schon Brentano, der sonst vieles von ihr intuitiv erfasst und verstanden hat, hat den Grundzug ihrer Religiosität wohl missverstanden. „Einfältig", so kennzeichnet er die Welt der Emmerick. Das hat nichts mit dem heute vorrangigen Sprachverständnis „naiv" in der Form von „ungelehrt" oder sogar „dümmlich" zu tun: „Einfältig" ist ein in der Romantik beliebtes Wort, es steht im Gegensatz zu „vielfältig", das meint in diesem Zusammenhang „aufgespalten", „zwiespältig". So spricht der Intellektuelle, der erfährt und erlebt, wie gerade in seiner Zeit einheitliche Weltbilder zerbrechen, wie zwiespältig das Leben ist. Brentano ist ein Musterbeispiel für den „zerrissenen" Menschen der Moderne. Die Sehnsucht nach einem heilen Leben lässt ihn glauben, dass die Emmerick, weil sie eine solche heile Welt zu repräsentieren scheint, auch aus einer solch heilen Welt stammt.

Aber schon das Kinderschicksal der Emmerick zeigt: Heil war auch die Welt ihrer Herkunft, war auch ihr kindliches Weltbild nicht! In der überaus sensiblen Reaktion der kleinen Anna Katharina auf Schuld und Sünde, in ihrer intensiven Gebetskultur, ihren Versuchen zur Abtötung zeigt sich ihre Sensibilität, ihre Sehnsucht nach einem erlösten Dasein.

Erfahrung des liebenden Gottes in der Vision der Kreuzigung

Doch neben der Sensibilität verfügt das Kind über eine imaginative Fantasie, über eine außergewöhnlich eidetische Begabung, so dass sie, wie Brentano bemerkt: „Alles gleich sieht, was man ihr nur erwähnt." Diese Fähigkeit, Fantasiertes, Gedachtes, Gelesenes in Bildern zu schauen, haben in einem gewissen Maße alle Kinder. Wir erleben es, wenn Kinder spielen und ihre reale Umgebung in die Welt ihres Spiels verwandeln. Die Kiste, in der sie sitzen, wird dann zum Auto.

„Meine Mutter sagte allemal, als ich mit anderen Kindern spielte: Wenn die Kinder schön fromm miteinander spielen, so sind die Engel oder das Jesuskind mit dabei." Diese als moralische Ermahnung zum züchtigen Spiel gemeinte Aussage der Mutter wird für Anna Katharina zum Schlüssel in eine andere Welt. „Ich nahm das als gewisse Wahrheit ohne alle Verwunderung an und sah oft mit rechter Begierde nach dem Himmel, ob sie bald kämen, glaubte auch manchmal, sie wären unter uns."

Schon bald wird ihr Beten, ihr meditierendes Betrachten immer mehr ein Sich-Hineinversetzen in die Welt der Bibel, der Heiligen bzw. die bildliche Vergegenwärtigung dieser Welt. „Wenn man vom Christkindchen erzählte, machte ich die Augen zu und sah alles vor mir, und wenn ich im Bett schlief, sah ich immerfort und noch mehr. Endlich sah ich es auch bei Tag wachend, mit offenen Augen, unter meinen Geschäften und Spielen." Bei den Festen des Kirchenjahrs sieht sie in Bildern das Geschehen, das in dem Fest gefeiert wird. Dabei werden die Grenzen zwischen der realen Welt und der in den Bildern erlebten mehr und mehr aufgehoben, so dass sie eigentlich in den Ereignissen lebt, die an den Festtagen in den biblischen Texten beschrieben werden.

„Von meinem sechsten Lebensjahr an hat meine Seele immer die ganze Adventszeit hindurch die Reise Josephs und Marias von Nazareth nach Bethlehem auf jeden Schritt und Tritt begleitet, und diese Bilder sind mir bis jetzt jährlich immer wiedergekehrt. Meine Sorge um die liebe reisende Mutter Gottes war so groß, und mein Miterleben aller Beschwerden ihres Weges waren so lebendig und wahr für mich, als irgendein wirklich erlebtes Ereignis meiner Zeit ... Nicht durch Betrachtung, sondern durch lebendiges Schauen waren alle Kirchenfeste mir wirklich gegenwärtige Ereignisse."

Offensichtlich werden auf diese Weise aus all den Bibeltexten, Heiligenlegenden, die sie liest und hört, Bildsequenzen, die in ihrem phänomenalen eidetischen Gedächtnis detailgerecht festgehalten sind. Und so kann sie erzählen. „Ich hatte die Gesichte von den Begebenheiten des Alten und des Neuen Testamentes so früh, dass ich mich wohl erinnere, wie mein Vater am Feuer sitzend mich als kleines Mädchen zwischen seine Knie nahm und zu mir sagte: ,Annthrienken, nu bist du in mien Kämmerken, nu vertell mi wat!' Da erzählte ich ihm ganz lebhaft und deutlich allerlei biblische Geschichten, und da er gar nie dergleichen und auf diese Weise gehört und gesehen, weinte er, dass die dicken Tropfen auf mich niederfielen, und sagte: ,Kind, wuher hast Du dat?' da sagte ich ihm: ,Vater, das ist ja so, das seh' ich ja so!' Da wurde er still und sagte nichts mehr."

In dieser bildlichen Vergegenwärtigung, in der damit einhergehenden Verlebendigung bekommen die Gestalten der Bibel für Anna Katharina Emmerick eine Realität und eine Nähe, wie wir es uns nur von unseren nächsten Angehörigen vorstellen können. Und aus dieser Nähe gewinnt sie eine neue Vorstellung von Gott. Man kann diesen Entwicklungsschritt zu einer neuen Gottesvorstellung in ihrem Leben zeitlich nicht genau fixieren, da sie dies alles erst rückblickend in der Zeit ihrer Krankheit erzählt. Dabei gibt sie auch keine zusammenhängende Darstellung ihres Lebens, sondern die Details aus ihrem Leben sind Teil der kirchlichen Untersuchung, die vor allem von dem Dülmener Dechanten Rensing oder von Overberg aufgezeichnet worden sind. Auch in den Gesprächen mit ihrem Arzt, Dr. Wesener, und vor allem in den Gesprächen mit Brentano und in ihren Visionen finden sich immer wieder Details ihrer Lebensgeschichte.

Zu vermuten ist, dass der entscheidende Durchbruch dieser neuen Erfahrung Gottes mit ihrer religiösen Krise zusammenhängt. Sie berichtet: „Von meinem siebzehnten Jahre an fiel ich bis gegen das zwanzigste in einige Lauheit. Ich musste mich zu Andachtsübungen, die sonst meine einzige Freude waren, beinahe zwingen." Verbunden war das mit Versuchungen zur Eitelkeit, zum Streit. Beendet wird diese Krise offensichtlich in einer intensiven Begegnung mit dem leidenden Christus am Kreuz. Ganz sicher ist, dass in dieser von ihr mehrfach geschilderten Situation das neue Gottesbild in ihr Platz greift.

Ebenso sicher ist, dass sie das neue Gottesbild gewinnt in intensivem Gebet und in der ihr eigenen Form der Meditation vor dem so ausdrucksstarken Coesfelder Kreuz in der Lambertikirche. In dem Kirchenführer von St. Lamberti wird es so beschrieben wird: „Die grausame Marter der Kreuzigung wird dem Betrachter in vielen Einzelheiten vor Augen geführt. Ihre realistische Darstellung verrät die genaue Kenntnis der leiblichen Spuren von Krankheit, Folter und Todeskampf." Oft betete Anna Katharina vor diesem Kreuz.

Man kann dieses ihr Beten vor dem Kreuz nur richtig verstehen, wenn man sich bewusst macht, dass Anna Katharina das Kreuz in ganz anderer Weise wahrnimmt, als wir es im Allgemeinen tun. Für uns ist das Kreuz ein Symbol. Da wir viele Kreuze mit ganz unterschiedlicher Gestal-

tung des Corpus Christi kennen, sehen wir in der Gestalt
am Kreuz weniger eine reale Person, sondern ein Zeichen
der Erinnerung an das Geschehen auf Golgatha. Für Anna
Katharina aber wird das zu einem realen, lebendigen, gegenwärtigen Bild. Denn die ihr in besonderem Maße eigene eidetische Begabung nimmt mit dem Erwachsenwer-
den nicht ab, wie es normalerweise im Leben geschieht,
sondern verstärkt sich. Ihr Beten, ihr Meditieren geschieht
in Bildern. Man kann darüber spekulieren: Ist das eine be-
sondere Gnade oder ist das einfach eine Frucht der konti-
nuierlichen, intensiven, regelmäßig und ausdauernd ge-
übten Form ihres Betens und Meditierens?

Wesener hat in seinem Tagebuch eine solche Betrachtung der Leidensgeschichte kurz festgehalten: „Ich ging
jetzt ganz zur inneren Beschauung über und habe in der
Betrachtung des Leidens Christi fortgefahren. Da habe ich
denn die ganze Leidensgeschichte mit eigenen Augen,
ganz wie in der Wirklichkeit, angesehen. Ich habe den
Heiland herausgehen, das Kreuz tragen, ich habe die Ve-
ronika, den Simon, wie er gezwungen wurde, das Kreuz zu
tragen, gesehen. Ich sah ihn endlich die Glieder ausrecken
und ans Kreuz schlagen. Dies erschütterte mein Innerstes;
ich hatte Traurigkeit, aber mit Freuden verschmolzen."

Wenn man eine Vorstellung gewinnen will, wie unmittelbar nah und real Anna Katharina die Leidensgeschichte „mit eigenen Augen, wie in der Wirklichkeit sieht",
muss man nur die Szene „Jesus am Ölberg" aus „Das bittere Leiden unseres Herrn Jesus Christus" lesen. Anna Katharina sieht, erlebt, wie Christus alles an Schmach, Erniedri-
gung, Qual und Leid, die Menschen einander zugefügt
haben und zufügen können, in seinem Kreuzweg erfährt:
„Ach! Es war, als umfasse diese enge Höhle die Gräuel- und
Angstbilder aller Sünden und ihrer Last und ihrer Strafe,
vom Falle des ersten Menschen bis zum Ende der Welt."
„Und er sah alle Sünden der Welt und ihre innere Scheuß-

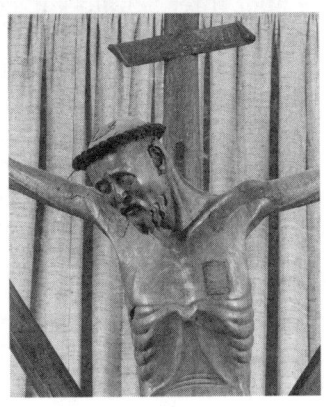

Das Coesfelder Kreuz in der
Lambertikirche in Coesfeld, im
14. Jh. entstanden, das größte
deutsche Gabelkreuz (3,24 m
hoch, 1,94 m breit, Corpuslän-
ge 2,09, Armspanne 184 m).

lichkeit in unzähligen Bildern und nahm sie alle auf sich."
„Die Höhle um ihn her sah ich von Schreckgestalten erfüllt, alle Sünde, alle Bosheit, alle Laster, alle Pein, aller
Undank, die ihn beängstigten, und die Schrecken des Todes, die menschliche Furcht vor der Größe der sühnenden
Pein sah ich ihn in den schauderhaften Gespensterbildern
umdrängen und anfahren. Er fiel hin und her und rang
die Hände."

Sie erlebt seine Verlassenheit und Einsamkeit in dieser
Situation von Schmerz und Angst. „Als die Dunkelheit
aber zunahm und die Angst drückend auf allen Gewissen
und eine dumpfe Stille über dem Volke lag, sah ich Jesum
ganz einsam und trostlos hängen. Er litt alles, was ein armer gepeinigter, zermalmter Mensch in der größten Verlassenheit, ohne menschlichen und göttlichen Trost leidet."

In diesen Bildern erfährt sie einen Gott, der alles Leid,
was Menschen zugefügt wird, mit ihnen teilt, der alle
Schmerzen, die Menschen erfahren, durchleidet. Und sie
weiß, er tut es, um alle Menschen von Leid, von Schmerzen, von Sünde und Schuld zu befreien. „Alle diese uner-
messliche Liebe an den Sündern zu üben, war der Herr
Mensch und ein Bruder der Sünder geworden, um die Strafe aller ihrer Schuld auf sich zu nehmen." „Allem unter-
warf er sich gern aus Liebe zu den Menschen." „Alles dieses entsetzliche Leiden war doch lauter Liebe." „Der Sohn
Gottes, die ewige, sich in der Zeit opfernde Liebe." So wird
das Kreuz, das Leiden Christi für sie zur Offenbarung des
unendlich liebenden Gottes. Das Wort aus dem Johannes-
Evangelium: „So sehr hat Gott die Welt geliebt, dass er seinen einzigen Sohn dahingab" (Joh. 3,16) wird für sie zur
lebendigen anschaulichen Erfahrung, denn sie wird
gleichsam Augenzeuge dieser Hingabe. So wie sie in ihrer
Anschauung persönlich an diesem Prozess des Leidens,
der liebenden Hingabe Christi teilnimmt, so weiß sie sich
auch persönlich von Gott geliebt.

Und dieser liebende Gott wird zur Mitte ihres Lebens. Deshalb kann sie sagen, dass bei dem Anblick dieser Bilder des Leidens die „Traurigkeit mit Freuden verschmolzen ist." Denn sie erlebt, wie Christus zu ihr spricht: „Sieh hier meine Liebe – sie ist ohne Grenzen! Alle, alle kommet in meine Arme, euch alle will ich glücklich machen!" Und für sie, die in der Welt der Bilder lebt, findet das darin seinen Ausdruck, dass der Gekreuzigte „seinen rechten Arm in einem Bogen hervor reckte und wollte uns sämtlich umfangen."

Auf dieses Geschenk der unermesslichen Liebe Gottes antwortet sie mit ihrer ungeteilten Liebe als Braut Christi. „Oh, Mutter meines Heilandes, du bist doppelt meine Mutter. Dein Sohn hat dich mir zur Mutter gegeben, als er Mensch geworden und zum Johannes gesagt hat: sieh, deine Mutter! und ich habe mich deinem Sohne vermählt (in ihrem Gelübde als Nonne). Ich bin meinem Bräutigam, deinem Sohn, ungehorsam gewesen und schäme mich, vor ihm mich sehen zu lassen. Habe doch Mitleid mit mir." Hier formuliert sie die zentrale Erfahrung aller Mystiker: Unmittelbare Nähe zu Gott bei gleichzeitigem Bewusstwerden der Distanz zu Gott wegen der eigenen Sündigkeit.

Sie, die natürlich nichts davon weiß, dass die als neu empfundene persönliche Liebe in der Literatur ihrer Zeit mit dem Wort „Herz" assoziiert und damit eine neue Kultur des Empfindens eingeleitet wird, findet spontan „mit dem Herzen" zu einem solchen persönlichen Ausdruck ihrer Beziehung zu Gott. Ihre Beschreibung der Mitfeier der heiligen Messe endet bei der Kommunion: „Jetzt bitte ich Gott den Heiland, dass er mir sein Herz geben wolle, um ihn darin zu empfangen. Nur dies könnte Ihn lieben und loben, wie Er es verdient. Dafür möchte Er mein Herz wieder nehmen und damit machen, was er wollte. Ich gebe Ihm dann alles, was ich habe."

Die Kommunion wird so im ursprünglichen Wortsinn zur „Communio", zur Vereinigung, zur Gemeinschaft, zur Verwirklichung ihrer Brautschaft, zur Vermählung mit Christus. So wird die häufige, schließlich fast die tägliche Kommunion für sie zum Bedürfnis. Gerade in der Zeit ihrer größten Leiden, in der Zeit, in der sie sonst kaum Speise zu sich nehmen konnte, gibt ihr die Kommunion immer wieder Kraft. „Sie hatte die ganze Nacht mit dem Tode gerungen und nur die heilige Kommunion hatte das Erbrechen stillen und ihr etwas Ruhe verschaffen können." Solche und ähnliche Szenen beschreibt Dr. Wesener immer wieder in dem Krankentagebuch. Die häufige Kommunion ist damals so ungewöhnlich, dass sie selbst im Kloster für die anderen Nonnen ein Ärgernis ist, dass deshalb für Anna Katharina eine Sonderregelung getroffen wird. „Ihr Beichtvater hätte verordnet, dass sie die extraordinäre Kommunion früher empfangen sollte, als ihre Mitschwestern aufstünden, damit ihr öfteres Kommunizieren weniger bekannt würde und weniger Aufsehen machte."

Die enorme Wirkung der Emmerick im 19. Jahrhundert beruht darauf, dass sie diese persönliche Form des Glaubens für sich erfahren und an andere weitergegeben hat. Damit hat sie eine Sehnsucht der Zeit angesprochen und (mit anderen ihrer Zeit) eine Frömmigkeit begründet, die mehr in den Gefühlen des Herzens als in den Einsichten des Verstandes besteht. Damit bekommt das vom Intellekt, von der Aufklärung, von Dogmen bestimmte Christentum einen Gegenpol, vor allem aber wird damit das Wesen der christlichen Botschaft, einer Religion der Liebe, sichtbar gemacht.

Und da sie mit dem Herzen mitfühlt, ihre Teilnahme aber nicht nur Gefühl, sondern konkret sein soll, möchte Anna Katharina Emmerick, die den leidenden Christus sieht und ihn liebt, weil sie sich von ihm geliebt weiß, auch sein Leiden mitempfinden. „Sie hätte Gott gebeten,

Er möchte ihr sein Leiden mitempfinden lassen, aber nie um die äußerlichen Male. Dass Gott ihre diese gegeben, darüber hätte sie sich mehrmalen gegen Gott beklagt." Das ist unseren Empfindungen vergleichbar, wenn wir am Bett eines geliebten schwer kranken, leidenden Angehörigen mit seinem Leiden mitempfinden, ihm etwas von dem Leiden abnehmen, das Leiden mit ihm teilen möchten.

Schon als Kind hat sie die Not, das Leiden anderer körperlich mit empfunden. In ihrer Sensibilität, ihrer Fähigkeit, das Leid anderer mitzufühlen, spürt sie seit dieser Begegnung mit dem leidenden Christus am Kreuz immer wieder Schmerzen, wie sie durch die Dornenkrone verursacht sein könnten. Erst sehr viel später, am Ende ihrer Klosterzeit (die ursprüngliche Erfahrung lag noch vor ihrer Klosterzeit), im Verlauf des Jahres 1812 entstanden in unterschiedlicher Reihenfolge aus den Schmerzen auch Wundmale: zunächst an den Händen und Füßen, entsprechend den durch die Kreuzesnägel verursachte Wunden. An der Brust, wo die Lanze in den Körper Christi eingedrungen war, bildete sich bei der Emmerick ein Doppelkreuz, am Kopf nadelfeine Einstiche, wie sie Christus durch die Dornenkrone erlitten hatte. Die Stigmata sind eindeutig bezeugt. Viele Ärzte waren an ihrem Krankenbett. Sie mussten feststellen, dass die Wundmale keine normalen Wunden sind, denn diese würden entweder abheilen oder, wenn sie auf irgendeine Weise offen gehalten worden wären, sich entzünden. Manche Besucher wurden auch Zeuge für die ungewöhnliche Form der Blutungen aus den Wunden.

In den Stigmata wird so ihre Verbundenheit mit dem leidenden Christus sichtbar. Sie sind Zeichen des liebenden Gottes, Zeichen ihrer Liebe zu Gott. Sind sie ihr von Gott unmittelbar gegeben? Sind sie psychosomatisch, also der körperliche Ausdruck ihrer auf die Liebe Gottes antwortenden Liebe? Wer will, wer kann das wissen? Ganz gleich, wie man es interpretiert, in jedem Fall aber sind sie ein Zeichen für das Geheimnis der Liebe zwischen Gott und Mensch.

Aus dieser tiefen Gottesbegegnung, die natürlich nicht einmalig im Leben der Emmerick ist, sondern die sich in ihren Schauungen wiederholt und vertieft, erwächst ihre Haltung der Sympathie, ihre Fähigkeit zum Mit-Empfinden, Mit-Leiden.

Wer diesen zentralen Punkt im Leben der Emmerick nicht erfasst, kann den Wesenskern ihres Lebens nicht verstehen. Es kann deshalb zu völligen Fehlinterpretationen kommen, wenn z.B. ihre Leidensbereitschaft als eine Form des Masochismus angesehen wird. Dieser Vorwurf taucht in der Literatur über die Emmerick hin und wieder auf.

Anna Katharina hat durchaus die natürliche Empfindung gegenüber Schmerzen. Dem Masochisten bereiten Schmerzen ein Lustgefühl. Anna Katharina Emmerick aber schreckt trotz ihrer Bereitschaft zur Teilnahme am Schmerz auch davor zurück. Das Krankentagebuch des Dr. Wesener ist voll von den Wendungen: „Sie klagte …" Man kann das als eine Formel ansehen, mit der Wesener ihre Beschreibung der Schmerzen wiedergibt. Doch da sie sich immer wieder ausdrücklich gegen die Schmerzen wehrt, muss man davon ausgehen, dass sie selbst die Schmerzen beklagt.

„Ich habe Gott oft um Leiden und Schmerzen gebeten; aber jetzt leide ich Versuchung, ihn zu bitten: Herr halte ein, nicht mehr, nicht mehr! Im Kopf werden die Schmerzen so arg, dass ich fürchte, ich möchte die Geduld verlieren." An anderer Stelle heißt es, sie wäre bei der Ankündigung von Schmerzen „entsetzt" gewesen. Immer wieder beschreibt Wesener in seinem Tagebuch, wie Anna Katharina leidet und wie es ihr schwer fällt, die Schmerzen ihrer

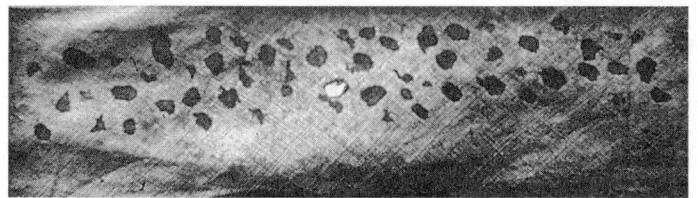

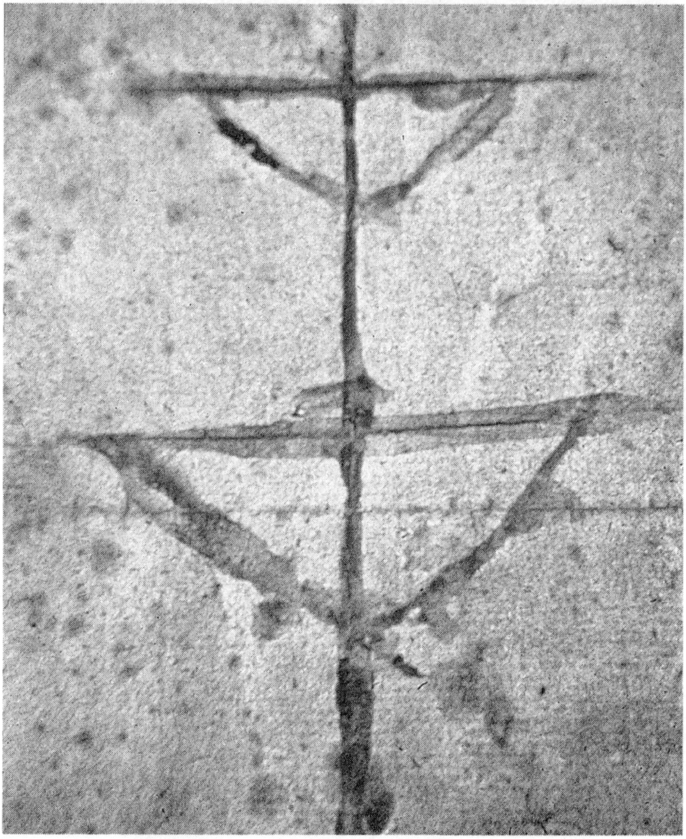

Tücher mit den Abdrücken der Wundmale,
oben Stirntuch, unten Doppelkreuz auf der Brust.

Krankheit auszuhalten. „,Ach', sagte sie, ,ehemals hatte
ich ein so festes Vertrauen auf Gott, dass ich mich um kein
Leiden, war es auch noch so heftig, betrübte. Ich dachte:
Herr, es kommt von Deiner Hand, und dann war mein
Mut wieder da. Jetzt aber, wo ich hier liege und mir selbst
nicht helfen kann, jetzt betrübt mich alles.' Sie weinte."

Weseners Behandlung der Kranken, mit der sie ja voll
einverstanden ist, ist auch darauf gerichtet, ihre Krankheit
zu bessern, ihre Schmerzen zu lindern. Er berichtet auch
in seinem Tagebuch, wie Anna Katharina sich um Gesun-
dung bemüht und wie sie sich freut, dass sich ihre gesund-
heitliche Situation etwas verbessert: „Dann erzählte sie
mir mit Freuden, dass sie nun wieder allein im Bette sitzen könne." Leider muss Wesener feststellen, dass mit den
Mitteln der damaligen Medizin keine wesentliche Besserung, erst recht keine Heilung möglich ist. Aber er tut alles, um die Schmerzen zu vermindern, viele der verab-
reichten Präparate haben diese Wirkung.

Wichtig aber ist, dass Anna Katharina Emmerick in ihrem Leiden und Mitleiden etwas erfahren hat, was allen
Schmerz übersteigt, ihr Angenommensein von Gott.
„Charakteristisch für unsere Zeit ist das Bemühen, das persönliche Leiden zu verbergen, es nur hinter einem Schirm
geschehen zu lassen, in der Anonymität von Hospitälern
und in der Verschwiegenheit von ärztlichen Praxen", so
Siegfried Lenz in seinem Essay über den Schmerz. „Die
nicht ausgesprochene, aber geltende Parole fordert den
schmerzfreien Menschen, und dieser illusionären Vorstellung versuchen wir nachzukommen." Selbst Siegfried
Lenz, der offensichtlich von der Endlichkeit des menschlichen Daseins überzeugt ist, sieht die verbindende Kraft
des Schmerzes: „Durch den Schmerz entdecken wir den
anderen, den Mitleidenden, wir werden gewahr, dass wir
nicht allein sind, jeder nur ein Fremder, der sich im Gegensatz zur Welt befindet." „Er (der Schmerz) eröffnet uns

nicht nur unsere Ohnmacht und Verletzlichkeiten, sondern lässt uns auch eine tröstliche Möglichkeit der Existenz erkennen – die Möglichkeit einer Bruderschaft im Schmerz."

Das aber trifft genau auf Anna Katharina Emmerick zu: Ihre eigene Erfahrung von Schmerzen – ihre intensivsten Schmerzen sind nicht die der Wundmale, sondern die Schmerzen ihrer körperlichen Krankheit – führt sie zu einer Geschwisterlichkeit mit allen Menschen, die Schmerzen leiden. Vielleicht sind dabei die körperlichen Schmerzen noch nicht einmal die bedrängendsten, sondern stärker noch empfunden die seelischen, die Wunden der Liebe.

Ein Leben geprägt von mystischen Erfahrungen

Da sie die Wundmale Christi trägt, die auch immer wieder schmerzen, da sie ihren Krankheiten ausgeliefert ist, da sie bereit ist, am Leiden anderer teilzunehmen, kann man leicht, wie es verschiedentlich in der Literatur zu finden ist, zu der Anschauung kommen, sie sei an das Leiden fixiert. Man übersieht dabei, dass Anna Katharina nicht nur den leidenden Christus in ihren Schauungen erlebte, sondern ihre Betrachtungen öffneten ihr auch einen Blick in Gottes Herrlichkeit. „Es wäre ihr bei der Betrachtung oft gewesen, als wenn sie in den Himmel hineinschaute und Gott im Himmel sähe. Es wäre ihr, besonders wenn sie Bitterkeit gehabt, oftmalen vorgekommen, als wenn sie über einen schmalen, wenig Finger breiten Weg ginge. Auf beiden Seiten des Weges hätte sie eine schwarze Tiefe gesehen, die nicht zu ergründen gewesen. Oben ihr wäre alles so grün und so schön gewesen. Ein schöner Jüngling hätte ihr dann die Hand gegeben, und hätte sie auf dem schmalen Weg geführt." Als ihr Arzt, Dr. Wesener, sich darüber wundert, „wie sie und manche andere in Stunden langem Gebete und zwar so beharren könnten, dass sie alles, was um sie wäre vergessen und sich gleichsam in Gott verlieren könnten", sagte sie: „Ich möchte einmal bedenken, ob man sich in einem interessanten Buch nicht so sehr vertiefen könne, dass man alles um sich her vergesse und verliere? Wie umso mehr müsse man sich in dem Gespräche mit Gott, dem Urquell alles Schönen, verlieren."

„Oft glaubte ich, stundenlang das Jesuskind in meinen Armen zu haben, oder ich fühlte es, während ich mit allen Mitschwestern war, immer an meiner Seite wandeln, und war unendlich selig. Ich erinnere mich, einmal am Tisch mit anderen gesessen zu haben, und ich fühlte mich von einer großen Schar von seligen Geistern umgeben und war ganz selig innerlich." „Ich hatte besonders oft, wenn wir die Lauretanische Litanei sangen, alle Sinnbilder Mariens darin in einem wunderbar reichen Gesicht hintereinander. Es war, als spräche ich nicht Worte, sondern Bilder aus. Im Anfang, als ich dieses sah, ward ich ganz erschreckt darüber, aber bald ward es mir eine Gnade und eine Wonne, welche meine Andacht sehr erhöhte. Es war mir, als baute ich der lieben Mutter Gottes einen ganzen Triumphbogen mit allen wunderschönen Bildern, und ich hob mit meiner Stimme die herrlichen Bilder ganz andächtig und ehrfürchtig hinan."

Die an ihrem Krankenbett sitzen, erleben immer wieder krankheitsbedingte Ohnmachten, aber auch Ekstasen, in denen sie in Visionen entrückt ist. Ihr körperlicher Zustand unterscheidet sich dabei nicht. Sie selbst aber fühlt sich in ihren Ekstasen völlig frei von allen Schmerzen, von aller irdischen Schwere: „Wenn ich aus körperlicher Krankheit ohnmächtig wurde, fühlte ich mich zum Sterben krank und verlor alles Bewusstsein. Wenn ich aber geistig hingerissen ward, fühlte ich gar nichts mehr von meinem Körper. Ich war so leicht, als habe ich eine schwere Last abgelegt, ich war ganz von Freud' und Seligkeit durchdrungen."

Die Visionen zeigen deutlich, wie weit sie sich von dem strafenden Gott entfernt hat, ihre Bilder von Gott befreien sie gleichsam von ihrem Leid, und wir vermögen vielleicht zu ahnen, wie es ihr möglich war, ihr immenses Leid zu tragen. Die Veränderung im Gottesbild der Emmerick vom strafenden hin zum liebenden Gott wird ganz prägnant deutlich in der veränderten Interpretation der Wendung aus dem Vaterunser: „Dein Wille geschehe." Die von der Mutter übernommene Formulierung lautete: „Mein lieber Gott, schlage so hart als du willst, aber gib Geduld." Anna Katharina aber gibt nun ihrem Arzt, Dr. Wesener, den Rat: „Beten Sie: ‚Herr mache mit mir, was du willst', dann gehen Sie ganz sicher, denn das gütigste, liebreichste Wesen, kann nur Gutes Ihnen zufügen." So ist sie sich auch in ihrem Leben gewiss, dass der liebende Gott sie nicht im Stich lässt. Als Clara Söntgen ihr Vorstellungen wegen ihrer Freigebigkeit macht, sagt sie: „Du siehst ja wohl, dass der liebe Gott mir keine Not leiden lässt. Er gibt mir immer was wieder."

Auch ihre Visionen vom Fegefeuer zeigen eher einen gnädigen, liebenden als einen strafenden Gott. Sie, die in ihren Visionen etwas erahnt hat von der Schönheit, der Vollkommenheit, der unendlichen Liebe Gottes, weiß gerade deshalb auch, was, wie der Mensch, das Ebenbild Gottes eigentlich sein könnte, und weiß darum auch um die Unvollkommenheit des Menschen, um seine Lieblosigkeit, seine Sündhaftigkeit. Dieser Makel ist mit dem Tod nicht sogleich aufgehoben. Erstaunlicherweise aber ist für sie, die mit und geradezu in Bildern lebt, der bildhafte Begriff „Fegefeuer", der in der Kunst und in der Pastoral als das reinigende Feuer, als Strafe für die Sünden ausgemalt worden ist, gerade kein Feuer. „Übrigens müsse man nicht etwa denken, dass die Unglücklichen in der Hölle und im

Fegefeuer durch wirkliches Feuer gefoltert würden, dies sei nur eine bildliche Darstellung." Sie sieht dagegen im Fegefeuer die „Menschen, die waren so still und traurig; aber sie hatten doch noch etwas im Gesichte, als wenn sie noch Freude im Herzen hätten und an den barmherzigen Gott dächten. – Feuer sah ich, das sagte sie lächelnd, gar nicht darin, aber es war doch so, als wenn die Menschen etwas litten, das ihnen innerlich große Schmerzen machte." Gleichzeitig aber hätte sie „in ihren Gesichtern so etwas Frohes bemerkt, das sie nicht recht beschreiben könnte, das ihr aber geschienen hätte ein nahes Zeichen der Erlösung dieser Seelen zu sein." Die Seelen im Fegefeuer, die sie sieht, tragen offensichtlich den Ausdruck des Schmerzes, auf die Liebe Gottes nicht geantwortet zu haben, aber gleichzeitig auch die Zeichen der Sehnsucht und der Hoffnung, durch Gottes Barmherzigkeit doch an der Herrlichkeit Gottes teilhaben zu können.

Mit dieser ihrer Erfahrung des liebenden Gottes hat Anna Katharina sich gelöst aus weit verbreiteten religiösen Vorstellungen der damaligen Zeit, in der Religion zu einem Regelsystem der Gesellschaft zur Sicherung der gesellschaftlichen Moral und auch der politischen Herrschaft geworden war. Sie hat zwar nicht wie der weit gereiste, der hochgebildete Brentano die Umbrüche in ihrer Zeit intellektuell erkannt, doch hat sie intuitiv wahrgenommen, dass die Religiosität ihrer Kindheit nicht trägt. Sie hat in ihrem konkreten Leben ganz hautnah erlebt, wie die Veränderungen in der Gesellschaft das Leben der Menschen verändern, mehr als der wohlhabende und in seiner materiellen Existenz nie gefährdete Brentano. Die Auflösung der Klöster infolge der Säkularisation warf sie aus der mit so großen Anstrengungen gesuchten Existenz. Sie stand im Alter von 40 Jahren schwer krank und praktisch mittellos auf der Straße. Den Wechsel der politischen Herrschaft von der Herrschaft des Fürstbischofs zu dem preußischen Staat bekam sie in der brutalen staatlichen Untersuchung ganz elementar zu spüren. Auch die Not der Kriege war ihr in den Heereszügen durch die Stadt, durch Einquartierungen und durch Abgaben auch des Klosters für die Soldaten gegenwärtig, mehr aber noch als die materielle Not bewegt sie das Leid der Menschen, die in die Kriegszüge verwickelt waren.

Sie erfasst intuitiv, dass ein auf moralische Regeln reduziertes Christentum die sie bedrängenden Fragen nicht beantworten kann. Die damalige Situation beschreibt sie so: „Man macht sich ein Gewissen daraus, wenn man einmal nicht betet, wenn man ein Wort im Gebete vergisst und zieht recht wacker die nächsten durch." „Es ist eine traurige Sache, dass das Christentum oder die Religion bei dem großen Haufen zum Schattenbilde geworden ist. Man beichtet, kommuniziert und glaubt Ablässe zu gewinnen durch Wallfahrten und gewisse Gebetsformeln, beharrt übrigens in seinen Gewohnheitssünden und in seinem ruchlosen Lebenswandel. Glauben Sie mir, die Heiden und Türken, ja die Wilden, welche an Gott glauben und nach dem Naturgesetz oder nach ihren beigebrachten Begriffen tugendhaft leben, stehen besser vor Gott dem Herrn als wir. Wir haben die Gnade und achten sie nicht. Sie wird uns aufgedrungen, aber wir stoßen sie von uns."

Die Erstarrung in äußeren Formen sieht sie bei vielen Priestern:„Ich sehe viele Priester das Amt erbärmlich halten. Die Steifen, welche alles anwenden, die Äußerlichkeiten nicht zu verletzen, sind meistens die schlechtesten, weil sie oft alle Innerlichkeit über diese Sorge versäumen. Sie denken stets: wie werde ich gesehen vom Volk? und sehen drüber Gott nicht." Andere Priester sieht sie von ihrer eigentlichen Bestimmungen abgekommen und angepasst an das weltliche Treiben: „Die Leute waren eigentlich nicht in völliger Unzucht, sondern nur in weltlichem, lüsternem Treiben und anzüglichem, mutwilligem Ge-

schwätz. Die Geistlichen waren solche, welche die Grundsätze haben: Man muss leben und leben lassen, unserem
Herrgott nicht die Zehen abbeißen! Und in diesem Zustand sah ich sie täglich die heilige Messe lesen."

In einem faszinierenden Bild beschreibt sie, wie die
Kirche (wohl immer) bedroht ist zu verfallen, wie sie aber
gehalten wird von vielen auf Erden, die sie stützen und
von oben gehalten von den Heiligen. „Ich sah ein wun-
derbares Bild, als schwebe die Peterskirche etwas über der
Erde, und ich sah, dass viele Leute heraneilten und unter
sie traten, Groß und Klein, Priester, Laien, Frauen, Kinder,
ja sogar alte Krüppel! Es war ganz beängstigend, als die
Leute darunter eilten, denn ich sah, dass die Kirche überall auseinander fallen wollte. Der Boden und der Fuß san-
ken schon zum Sturz. Da stellten aber die Leute überall
ihre Schultern unter, und als sie dieses taten, waren sie alle
gleicher Größe. Sie waren aber jeder an seiner Stelle, die
Priester unter den Altären, andere unter den Pfeilern und
alle Frauenzimmer am Eingang, und da waren gar große
Lasten. Ich dachte, es sollte alles zerquetscht werden. Über
der Kirche war der Himmel offen, und alle Heiligen, welche ich in dem ersten Bild in der Peterskirche gesehen, sah
ich in Chören, durch ihre Gebete und Verdienste empor-
betend, die Kirche aufrechterhalten und den unten Tra-
genden helfen."

Sie sieht in diesem Bild, wie alle gleichberechtigt –
„waren alle gleicher Größe" – die Kirche tragen. Die Menschen eilen spontan herbei, weil sie sich verantwortlich
fühlen für die Kirche. Das entspricht ihrer neu gefundenen Form der Religiosität, der persönlichen Beziehung zu
Gott. Ihre über das reale Leben hinausgehende Sehnsucht
hat eine Erfüllung gefunden in der Liebe Gottes. Sie hat in
Christus die Person gewordene Liebe Gottes erfahren, hat
sich von diesem liebenden Gott als Person angenommen
gefühlt, hat als ihre Antwort auf diese Begegnung mit Gott

ihr Leben auf ihn ausgerichtet. Eine solche Begegnung ist der Kern einer jeden mystischen Beziehung.

Eine solche mystische Beziehung kann der Mensch nicht herbeiführen, das ist ein Geschenk, eine Gnade. Doch ist das kein Geschenk, das einem wie ein Lottogewinn unerwartet zufällt, es ist kein billiges Geschenk. Anna Katharina hat dieses Geschenk der Gnade in intensivem, kontinuierlichem und zeitaufwändigem Gebet und in einem kontemplativen Leben gewonnen. Sie selbst ist überzeugt, dass die Gnade jedem zuteil wird, wenn er sich darum bemüht. Aber „zum Gedeihen einer Gnade gehört Mitwirkung. Alles ist eine Pflanze im Menschen und bedarf der Pflege, um zu Gedeihen."

Brentano hat zwar richtig erkannt, dass Anna Katharina noch in einem ungebrochenen christlichen Milieu aufgewachsen ist. Im Münsterland „fand er ein katholisches Land des Glaubens; er fand, wie er selbst einmal ironisch schrieb, ein Städtchen, in dem man bis zum Jahre 1814 nicht wusste, dass es außer Katholiken, Juden und Mohammedanern auch noch andere Menschen gebe." In diesem christlichen Milieu waren die politische und die gesellschaftliche Ordnung, die Kultur bis in den Alltag hinein von christlichen Anschauungen und Ritualen geprägt. Man wurde dort hineingeboren, wuchs selbstverständlich darin auf. Doch Anna Katharina hat dieses oft formale erstarrte Milieuchristentum mit ihrer radikalen, d.h. bis an die Wurzeln ihres Lebens reichenden, persönlichen Beziehung zu Gott durchbrochen und hat dem religiösen Leben eine neue, überzeugende Gestalt gegeben.

Viele, die damals in der Zeit des tief greifenden politischen, gesellschaftlichen und kulturellen Umbruchs, in der auch die Volkskirche sich aufzulösen begann, in dem formal erstarrten Milieuchristentum keine sie überzeugende Lebensform sehen konnten und deshalb ihren Glauben verloren, fanden bei Anna Katharina Emmerick eine neue

Form des Glaubens, eben in der persönlichen Beziehung zu Gott. Genannt seien hier nur Christian und Clemens Brentano, Dr. Wesener und seine Verwandten, Melchior Diepenbrock. In den von Clemens Brentano aufgeschriebenen Visionen fühlten sich noch nach dem Tod der Emmerick Menschen, denen das Christentum fremd geworden war, erneut von christlichem Geist angesprochen, z.B. Paul Claudel und Leon Bloy.

Die von Anna Katharina Emmerick gelebte persönliche Beziehung zu Gott ist wohl das Phänomen aller Heiligkeit zu allen Zeiten und in allen Kulturen. Dort aber, wo sich die christlichen Milieus aufgelöst haben, wie es weitgehend in unserer Kultur ist, ist die persönliche Beziehung zu Gott die einzige Möglichkeit des Christseins. „Der Fromme von morgen wird ein ‚Mystiker' sein, der etwas erfahren hat, oder er wird nicht mehr sein, weil die Frömmigkeit von morgen nicht mehr durch die im Voraus zu einer personalen Erfahrung und Entscheidung einstimmige, selbstverständliche öffentliche Überzeugung und religiöse Sitte mitgetragen wird, die bisher übliche religiöse Erziehung also nur noch eine sehr sekundäre Dressur für das religiöse Institutionelle sein kann." So Rahner.

Radikale Nächstenliebe

Mit der Betonung des Gefühls, des Herzens, mit dem Verlangen und der Erfahrung, persönlich von Gott angesprochen, geliebt zu sein und ganz persönlich liebend darauf zu antworten, mit ihrer Sensibilität für das nicht real Erfassbare ist Anna Katharina Emmerick durchaus ein Kind ihrer Zeit: der romantischen Sehnsucht, der romantischen Liebe, der Subjektivität. Ihre Wirkung in der damaligen Zeit hat auch damit zu tun, dass sie diesem neuen Zeitgeist im Bereich der Religion Ausdruck verliehen hat. Es ist nicht von ungefähr, dass Clemens Brentano, einer der bekanntesten Dichter dieser romantischen Epoche den Weg zu der Nonne in Dülmen fand. „In ihr war gleichsam die Idealwelt der Romantik schaubare Wirklichkeit geworden. Über ihre ganze religiöse Persönlichkeit waren die bezaubernden Schleier des Mystischen gebreitet ... Clemens Brentano und Anna Katharina Emmerick in freundschaftlichem Gedankenaustausch auf Grund einer gemeinsamen höheren religiösen Welt sind keine bloße Zufälligkeiten, sondern die echteste, lauterste, tiefste Ausprägung des Geistes, der in der Romantik wob", so Alois Mager in seinem Porträt: „Die Seherin von Dülmen. Anna Katharina Emmerick".

Allerdings erschwert das heute unseren Zugang zu Anna Katharina Emmerick. Denn wir „aufgeklärten Realisten" sind sehr misstrauisch gegenüber der Romantik, gegenüber Gefühlen. Wir haben leicht den, leider oft nicht unberechtigten, Verdacht, Gefühle könnten missbraucht werden oder könnten zur Flucht aus der Wirklichkeit dienen. „Herz" und „Liebe", die beiden zentralen Begriffe, mit denen die Romantik dem Subjekt, seinem Fühlen Ausdruck gab, sind für uns so inflationär verbraucht, dass jede Verwendung leicht trivial, kitschig wirkt. „Mystik" ist in das Esoterische abgeglitten. „Wunder" gibt es für uns nicht, solange die Welt in einem so miserablen Zustand ist und nicht die Wunder geschehen, in denen die so unendlich vielen Schmerzen und Leiden geheilt werden und die Welt von Not und Elend befreit wird. Da die Zeitgenossen der Emmerick und die unmittelbare Nachwelt ihre Aufmerksamkeit auf das Wunderbare, auf die Stigmata, auf die zeitweise Nahrungslosigkeit, auf die Visionen gelegt haben, sind die Dokumente aus ihrer Zeit und die späteren Berichte und Darstellungen ihres Lebens auch stark davon bestimmt.

Die Emmerick selbst hat sich entschieden dagegen ge-
wehrt, dass sie durch ihre Zeichen bekannt wird, denn sie
wollte in treuer Pflichterfüllung, in Gebet und Betrachtung ihr einfaches, bescheidenes Leben führen. Zahlreich
sind die Wendungen, mit denen sie beklagt, dass ihr
Schicksal öffentlich geworden ist. „Sie klagte, dass sie
nicht allein gegen Schmerzen zu kämpfen habe, sondern
noch mehr gegen die Regungen der Abneigung gegen
jene, die durch ihre Plaudereien ihre Geschichte ins Offe-
ne gebracht und ihr dadurch so peinliche Folgen verursacht hätten." Sie sagt: „Dass es ihr lieb sein würde, wenn
Gott ihr Gebet erhörte, und den Ärzten seine Erleuchtung
mitteilte, Mittel zu erfinden, jene Zeichen fortzuschaffen,
wenn sie dann auch als eine Betrügerin von der Obrigkeit
bestraft und von der ganzen Welt verspottet würde."
„Schrecklich wäre ihr aber gewesen, als sie wahrgenommen, dass diese Zeichen auch für die Welt sein sollten."
„Sie werde sich selbst des großen Aufsehens wegen, das
ihre Geschichte weit und breit herum erregt, immer mehr
zum Ekel, jedoch tröste sie sich damit, dass sie nicht selbst
schuld daran sei."

Diese entschiedene Abwehr entspringt ihrer Bescheidenheit: „Denn ich fürchte, dass sie (die Menschen) mich
darum für besser halten, als ich bin." Oder: „Ach, ich mag
meine Zeichen nicht bloß (gemeint ist „offen", „unver-
deckt") sehen, weil sie mir einen Ruf von besonderen
Gnaden gemacht haben, deren ich nicht würdig bin ... Es
tut mir Leid, dass gute Leute (gemeint sind die vielen Besucher) sich um mich so viel Mühe geben und, da sie wohl
besser vor Gott sind als ich, so gut von mir denken, als
wenn ich eine Heilige wäre, aber ich danke Gott zugleich,
dass er mir meine Fehler nicht vor mir verbirgt und mich
dadurch in Demut stärkt."

In gewisser Weise hat sie mit ihrer Bescheidenheit
Recht. Denn wer war schon die Dülmener Nonne! Vor

dem Auftreten und dem Öffentlichwerden ihrer Wundmale kannte in den deutschen Landen kaum jemand das
kleine Städtchen Dülmen – paradoxer Weise sollte es
durch sie erst bekannt werden. Das Kloster in Dülmen hat
die junge Frau nur widerwillig aufgenommen. Während
der zehn Jahre, die sie im Kloster verbracht hat, hatte sie
bei den meisten Mitschwestern keinen guten Stand, denn
sie hatte nichts in das damals verarmte Kloster mitgebracht, sie gehörte nicht zu den Schwestern mit einer Ausbildung, sondern zu den Arbeitsschwestern im Kloster.
„Weil sie nur als lästiger Anhang eines Mitgliedes, das
man aus Not hatte nehmen müssen, (galt), wurde sie zu-
rückgesetzt und überkam die Pflege des Viehes. Sie musste jetzt die härtesten Arbeiten verrichten und musste
überhaupt die Magd aller anderen, nicht aber ihre Mitschwester sein." Sie war auch wegen ihrer schweren und
langwierigen Krankheiten für die Mitschwestern eine
Last. In ihrer Frömmigkeit, manche meinten auch in ihrer Wunderlichkeit wegen ihrer Gesichte, war sie ein An-
stoß für die Mitschwestern.

Nach Auflösung des Klosters durch die Säkularisation
musste sie das Kloster verlassen. Als Letzte verließ sie
krank, gestützt auf eine Magd das Kloster. Der große
Traum vom Kloster, für den sie so viel Kraft investiert hatte, war geplatzt. Nun stand sie krank, mittellos, ohne Zugehörigkeit zu einem Familienverband vor dem Nichts.
Die Dülmener, die später in Scharen an ihr Bett strömten,
haben sich nicht um sie gerissen. Sie fand schließlich bei
Abbé Lambert, einem emigrierten französischen Geistlichen, den sie schon vom Kloster her kannte, als Haushälterin einen Platz.

Für uns heute gilt mehr denn je die Frage, wer war diese Frau, wenn man von ihren Stigmata und ihren Visionen absieht? Wie hat die mystische Erfahrung der Liebe
Gottes sich in ihrem Leben gezeigt? Denn unsere nüchter-

ne Zeit erwartet: Liebe muss konkret sein, muss sich in ge-
lebter Solidarität erweisen. Mutter Teresa ist deshalb der
Typus „unserer" Heiligen. Wenn in neueren Darstellungen
die tätige Nächstenliebe bei Anna Katharina herausgeho-
ben wird, entsteht bei manchen der Eindruck, man wolle
dem Bild der Emmerick nun auch den heute für einen
Heiligen notwendigen „sozialen Touch" geben. Denn das
im 19. Jahrhundert entworfene und uns überlieferte Bild
zeigt uns hauptsächlich die „Leidensbraut", die „Visionä-
rin".

Wer sich aber mit den Quellen zur Geschichte der Emmerick beschäftigt, stellt schnell fest: die in der Begegnung mit dem gekreuzigten Christus erfahrene Liebe
bleibt für Anna Katharina nicht ein romantisches Gefühl,
ist für sie keine Flucht aus der Wirklichkeit in die Welt der
Bilder, der Träume. Ihre eigenen Erfahrungen von Not:
von Armut und Krankheit, von Enge, von Misstrauen in
ihrer Kindheit, von Ausgrenzung auf dem Weg ins Kloster,
von Ablehnung im Kloster, als Schwerkranke, als der
Schaulust, den peinlichen Untersuchungen Preisgegebe-
ne, haben sie sensibel gemacht für die Not anderer, so dass
sie die Wirklichkeit von Leid, Not und Schmerz ganz persönlich anrührte, und immer auch ein Anruf zu tätiger
Hilfe war. Natürlich war sie keine Elisabeth von Thürin-
gen. Es standen ihr auch nicht die Reichtümer und das
Ansehen einer Landgräfin zur Verfügung. Sie war auch
keine Mutter Teresa, die geschickt die modernen Ver-
kehrs- und Kommunikationsmittel für ihre barmherzigen
Werke einsetzte. Sie hatte nur ihre Zeit, ihre durch die
Krankheiten eingeschränkte Arbeitskraft, das in harter
Arbeit Erarbeitete, ihre Offenheit für andere, ihr Gebet,
ihre Bereitschaft, im wörtlichsten Sinne das Leid mit anderen zu teilen.

Selbstlose Hilfsbereitschaft
bei der Familie Söntgen

In ihrem engen Umfeld hat sie all dies auf eine radikale Weise mit den Nächsten geteilt und so Nächstenliebe verwirklicht. „Ja, ich habe den Dienst des Nächsten immer für die höchste Tugend gehalten", sagt sie und sie, die betend und betrachtend lebt, betont: „Die wahre Religion bestehe nicht in vielem Beten, sondern in Erfüllung seiner Pflicht." Nächstenliebe „ist die erste, die schönste Tugend, Hintansetzung oder gar Verachtung seines Nächsten das größte Laster." Doch sie macht deutlich, dass es auch ihr nicht immer leicht fällt: „Es kostet, ich weiß es an mir selbst, rechte Überwindung, wenn man seinem Nächsten dienen soll."

Allein das Beispiel ihrer Hilfe bei der Familie Söntgen zeigt die Radikalität ihrer Nächstenliebe, ihrer Solidarität. Sie hatte – wie oben dargestellt – alles aufgegeben, war in den Dienst des Kantors Söntgen getreten, um dort das Orgelspiel zu lernen. Das war die letzte und einzige Möglichkeit, ihren so lang gehegten und so hartnäckig verfolgten Lebenswunsch zu verwirklichen: den Eintritt in ein Kloster. Sie kam aber bei den Söntgens in eine von Not geschlagene Familie – offensichtlich wegen der Krankheit der Frau. Ärztliche Behandlung und Medikamente mussten damals privat bezahlt werden, lange Krankheit führte so zur Verschuldung von Familien.

Wesener beschreibt diesen Abschnitt ihres Lebens: „Hierauf verdingte sie sich als Magd bei einem Organisten in Coesfeld, um von ihm Orgelspiel und von seiner erwachsenen Tochter Lesen, Schreiben und Handarbeit zu lernen, wodurch sie sich einen Weg in ein Kloster zu eröffnen dachte. Sie bemerkte aber bald, dass sie hier in einen Sumpf geraten sei, denn in dem Hause des Organisten war solche Not und solcher Unfriede, dass sie alle ihrer Leibes-

und Seelenkräfte anwenden musste, um beiden zu steuern; ja ihre schöne Leinwand (sie hatte sich bereits 9 Stücke erzielt) musste Hunger und Blößen decken und ihr Kredit die andringenden Gläubiger abwehren." Die Not im Hause Söntgen muss ein für uns nicht vorstellbares Ausmaß gehabt haben. „Was lernte ich da hungern!" erzählte Anna Katharina einmal. „In acht Tagen kein Brot gesehen! Man borgte den Leuten nicht um sieben Pfennige. Ich lernte gar nichts. Ich war die Magd. Alles, was ich mit Nähen verdient hatte, ging fort, und ich verhungerte fast."

Anna Katharina setzte also ihre ganze Arbeitskraft ein, um die Not in der Familie zu lindern. Man muss dabei berücksichtigen, dass damals der Haushalt auch eine Stätte der Produktion war von Nahrung, Stoffen, Kleidung, Gebrauchsgegenständen z.B. auch Seife. Sie kam deshalb in dem dreijährigen Aufenthalt nicht dazu, das Orgelspiel zu erlernen. Sie gab sogar die für ihre Zukunft so wichtigen ganzen Ersparnisse her, um das Überleben der Familie zu sichern. Auch bürgte sie noch zusätzlich für einen Kredit. Die Bürgschaft wurde kurz vor der Profess fällig und hätte die endgültige Aufnahme ins Kloster verhindert, wenn sich nicht ein Wohltäter gefunden hätte.

Ohne Einschränkung teilt sie alles, was sie hat, mit der Familie: „Da ich die unverschuldeten Leiden der Familie, Mangel und häusliche Qual gleich nach meinem Eintritt in dieselbe erkannte ..., erwachte auch die Überzeugung in mir, dass Gott mich als seine Magd hierher geschickt, mit allem zu helfen, was er mir gegeben, und so diente ich denn der lieben Familie als alles, wozu sie mich brauchen konnte, als Magd, Helferin, Ausgeberin (d.h. sie bezahlte) und Mitträgerin ihres Hauskreuzes."

In ihrer Darstellung der Situation spürt man dabei nicht einen Hauch von Neid, dass die Tochter des Hauses, Clara Söntgen, ihr in der Bildung überlegen ist und über die bürgerliche Bildung verfügt, die sie selbst für die Auf-

nahme in ein Kloster gebraucht hätte. Denn Clara Söntgen konnte Orgel spielen und hatte eine Ausbildung als
Lehrerin. Auch war das Teilen in der Familie wohl nicht
ganz gegenseitig, da die Familie an ihrem bürgerlichen
Anspruch festhielt, und sich in ihrer Lage „bedrückt und
beschämt" fühlte. Die Söntgens hielten es auch wohl für
selbstverständlich, übrigens Anna Katharina selbst auch,
dass sie, die alles mit ihnen teilte, „als armes Bauernmädchen am wenigsten" brauchte.

Selbst Anna Katharinas Mutter, die sich so massiv widersetzt hatte, dass Anna Katharina von zu Haus weggeht,
half der Familie Söntgen in der Not aus. „Als sie merkte,
dass ... wir doch in bitterer Not waren. Sie brachte mir oft
Brot, Butter, Milch und Eier, womit wir uns hinhalfen. ...
Ich sagte ihr dann: Gott vergelt's liebe Mutter! Ich habe
selbst nichts mehr, aber es ist der Wille Gottes gewesen,
diese guten Leute durch mich zu erhalten. Gott muss sorgen. Ich habe ihm alles gegeben. Er wird wohl wissen, wie
er uns allen hilft."

Anna Katharina selbst war bewusst, dass sie damit alles
verloren hatte, was ihr den Weg ins Kloster ermöglichen
konnte: „Oft dachte ich: Wie sollst Du nur ins Kloster
kommen? Du hast ja jetzt gar nichts mehr! Dabei war mir
alles in dieser Sache entgegen." Wie ein Kind, das auf die
Macht des Vaters vertraut, wendet sie sich etwas naiv, etwas verschmitzt an Gott: „Jetzt schau Du zu, das hast Du
angestellt! Ich kann nicht helfen. Jetzt sieh Du einmal zu,
wie du fertig wirst." Und sie findet: „Der liebe Gott ward
gar gut fertig."

Sie hatte nämlich eine enge Freundschaft mit Clara
Söntgen geschlossen und diese auch dazu bewegt, ins Kloster zu gehen. Clara Söntgen wurde im Kloster Agnetenberg der Augustinerinnen in Dülmen als Orgelspielerin
und als Lehrerin gebraucht. Aus Dankbarkeit gegenüber
Anna Katharina bestanden die Söntgens darauf, besonders

der Vater bleibt hartnäckig bei dieser Forderung, dass Clara Söntgen nur zusammen mit Anna Katharina in das Kloster eintritt. Und so sieht Anna Katharina am Ende, wie Gott ganz unerwartet ihre Ersparnisse gesegnet hat, indem er diese gleich auf *zweifache* Weise nutzte: einmal, um Armen zu helfen, zum anderen um den Eintritt in das Kloster zu ermöglichen.

Hilfsbereitschaft im Kloster

So unspektakulär, gleichzeitig aber auch so selbstlos war ihre Art des Helfens, so konkret ihre Liebe und so groß ihr Gottvertrauen. Und Clara Söntgen, die außer ihren Eltern und Geschwistern die Emmerick am längsten gekannt hat, bezeugt: „So lange ich die Emmerick gekannt habe, bemerkte ich, dass sie eine große Freude hatte, wenn sie den Armen etwas mitteilen konnte. Ehe sie ins Kloster kam, hatte sie fast alles weggegeben; ebenso machte sie es auch im Kloster." „Im Kloster war es auch ihre größte Freude, wenn sie ihren Mitschwestern einen Liebesdienst erzeigen konnte. Man mochte von ihr verlangen, was man wollte, sie gab's mit Freuden her, wenn sie es auch selbst nötig hatte. Vorzüglich tat sie denen gern Gutes, die sie wusste, dass sie ihr entgegen waren." Dafür gibt es bezeugte Beispiele.

Die Schwestern im Kloster hatten abwechselnd Krankendienst und mussten dann die kranken Mitschwestern versorgen. Anna Katharina war im Kloster oft krank, war deshalb für viele Mitschwestern eine Last. Sie ist, wie auch der Klosterarzt, Dr. Krauthausen, bezeugt, nicht immer gut behandelt, manchmal sogar arg vernachlässigt worden. Eine Mitschwester, die persönlich kein gutes Verhältnis zu Anna Katharina hatte, „hat mir durch ihre wunderlichen Launen und Nachlässigkeit in ihrem Amte im Kranken-

Kloster Agnetenberg und Nonnenturm.

bette viel zu klagen Anlass gegeben. Oft, wenn sie zu mir gehen sollte, ging sie auf ihre Zelle, um für sich zu arbeiten, oft ließ sie mich morgens so lange liegen, ohne sich um mich zu kümmern, dass ich vor Kälte zitterte, weil ich dalag in einem von Schweiß durch und durch nassen Hemde und dabei, weil ich mir selbst nicht helfen konnte, den peinlichsten Durst und andere schmerzliche Unbequemlichkeiten leiden musste."

Gerade dieser Schwester gegenüber ist Anna Katharina besonders hilfreich. „Diese hatte Wunden am Fuße, und die Mägde taten ihr nicht gern Dienste, weil sie so wunderlich war. Da dachte ich, es wäre wohl ein Werk der Barmherzigkeit, und erbot mich, die Tücher, welche sie zum Verbinden brauchte, wenn sie voll Eiter und Blut waren, auszuwaschen. Sie hatte auch die Krätze, und die Mägde fürchteten, davon angesteckt zu werden; deswegen machte ich ihr das Bette, und wenn ich auch an Ansteckung dachte, so munterte ich mich selbst wieder auf, und dachte, es wäre doch ein Werk der Barmherzigkeit, und Gott sollte mich wohl bewahren."

Geschwüre, eiternde Wunden, Krätze waren unter den damaligen medizinischen und hygienischen Bedingungen nicht nur wesentlich häufiger als heute, sie waren kaum zu therapieren, deshalb auch lang anhaltend. Sie waren für die Pflegenden natürlich weit unangenehmer zu behandeln, da alle die Mittel, die heute zur Reinigung von Wunden, zur Desinfektion damals nicht zur Verfügung standen. Man konnte sich deshalb leicht anstecken. Vor allem aber musste man alle Stoffe und Binden, die zur Reinigung und zum Verbinden der Wunden verwandt wurden, per Hand auswaschen, damit sie wieder verwendet werden konnten, denn jeder Flecken Stoff war wertvoll. Deshalb ist auch das Zurückweichen vor der Behandlung solcher Geschwüre zu erklären. Anna Katharina hat diese unangenehme Pflege der Mitschwestern nicht gescheut.

Sie hat dabei ganz selbstverständlich das Auswaschen der so ekelhaft verschmutzten Tücher übernommen, was normalerweise die Mägde tun mussten, die im Rang noch unter den Arbeitsschwestern standen.

Zeitweise hat das Kloster Agnetenberg auch geistig Behinderte zur Versorgung aufgenommen, offensichtlich um damit die wirtschaftliche Existenz zu sichern. Es wird ein Fall beschrieben, wie Anna Katharina einer solchen „schwachsinnigen (so heißt es damals) Kostgängerin im Kloster, die Geschwüre hatte, die so ekelhaft als schmerzlich waren, ihre Liebesdienste erzeigt und dafür nur Neckereien von Seiten ihrer Mitschwestern eingeerntet hätte." Die uns überlieferten Berichte sind nicht in erster Linie auf die Darstellung solcher Sachverhalte hin angelegt, deshalb werden solche Einzelheiten nur punktuell beschrieben. Es ist aber wohl davon auszugehen, dass es sich dabei nicht um einen Einzelfall handelt.

Denn ihre Mildtätigkeit wird immer wieder und von allen betont. Sie erwies diese auch besonders den Mägden und Arbeitsleuten. Diese hatten einen geringeren Rang als die Schwestern, wie schon die obige Erwähnung der Mägde zeigt. Anna Katharina hatte durch ihre Mitverantwortung für die Ökonomie, d.h. für den Klostergarten und das dem Kloster gehörende Land, auch viel Kontakt mit Arbeitsleuten außerhalb des Klosters. So kommt sie auch mit der Armut und Not außerhalb des Klosters in Berührung. Die Mitschwestern sagen übereinstimmend, dass sie sich diesen gegenüber vorbildlich verhalten hat. „Gegen Mägde und Arbeitsleute war sie nicht allein sehr bescheiden, sondern auch wahrhaft liebreich, indem sie selben manche gut Belehrung gab, und gegen Bedürftige sehr mitleidig und wohltätig", sagt eine Mitschwester, eine andere: „Die Arbeitsleute waren ihr sehr zugetan, weil sie viel Umgang mit ihnen hatte, und ihnen oft etwas gab. Gegen Bedürftige war sie immer sehr barmherzig."

Was sie im Kloster an Stoffresten findet, z.B. Kirchensachen, die unbrauchbar geworden waren, das nutzt sie für die Armen. Noch aus den kleinsten Teilen näht sie geschickt Kindermützchen. Die Oberin sagt: „Gegen Bedürftige ist sie allezeit sehr mitleidig gewesen. Sie hat diesen vieles gegeben von dem Ihrigen, zuweilen mit, zuweilen ohne Erlaubnis von mir. Auch weiß ich wohl, (dass sie), weil sie Sakristanin war, zuweilen von alten Kirchensachen Mützen oder solche Kleinigkeiten für Kinder gemacht hat, aber ich erinnere mich nicht, dass sie von mir Erlaubnis dazu begehrt hat." In ihrer Mildtätigkeit setzt Anna Katharina sich großzügig über die in diesem Bereich offensichtlich engen Grenzen des Klosters hinweg. Sie wird das auch deshalb mit gutem Gewissen getan haben, weil sie wusste, dass die Einhaltung anderer, wichtiger Regeln im Kloster recht lax gehandhabt wurde.

Hilfsbereitschaft vom Krankenbett aus

Nach der Auflösung des Klosters war Anna Katharina Emmerick selbst zu einem Objekt der Barmherzigkeit geworden. Aber sie war auch hier noch in gewisser Weise unabhängig, da der Herzog von Croy, dem das Kloster übertragen worden war, zur Zahlung einer kleinen Pension an alle entlassenen Schwestern verpflichtet war. Graf Stolberg, der sie 1813 in Dülmen besucht und durch den Bericht von seinem Besuch in Deutschland bekannt gemacht hat, berichtet: „Sie lebt von der kleinen Pension, welche den Nonnen des aufgehobenen Klosters noch bezahlt wird, und nimmt durchaus kein Geschenk an."

Da sie sehr genügsam war, da der Arzt, Dr. Wesener, sie, wie die übrigen Mitglieder des kleinen Haushaltes, unentgeltlich behandelte und da ihre Schwester nach ihrer Erkrankung die Führung des Haushaltes von Abbé Lambert und ihre Pflege übernahm, kam sie mit dem Geld aus und konnte davon noch den Armen geben. So berichtet Dr. Wesener z.b. „Für einen Schneider, dessen Kuh krepiert, gab sie mir vor ein paar Tagen 12 Groschen und schon oft bat sie, ihr arme Kranke zuzuschicken, denen sie zu essen geben wollte."

Sie konnte sich während der zehn Jahre ihrer Krankheit selten allein im Bett aufrichten, ihre Hände schmerzten, die Wundmale der Hände fingen oft an zu bluten, wenn sie längere Zeit ihre Hände gebrauchte, dennoch ist sie während der ganzen Zeit immer wieder auch mit Näharbeiten für die Armen beschäftigt. Sie erzählt dem Dr. Wesener, „dass die Haushälterin des Pfarrers zu Coesfeld, ihre alte Bekannte, ihr allerhand seidene und andere Lumpen geschickt, aus welchen sie für arme Kinder Mützchen zusammenflicken wolle." Wesener selbst berichtet: „Ein Unbekannter sendete mir eine Partie neue Leinwand mit dem Auftrage, diese für meine armen Kranken, deren es leider hier eine große Menge gibt, zu benützen. Darauf bat sie mich dringend, ihr die Leinwand zuzustellen, denn sie wollte die Hemden zurechtschneiden und ihre Schwester solle sie nähen." Auch Luise Hensel weiß von solchen Näharbeiten für die Armen. Achim von Armin, der Schwager Brentanos, sah sie bei seinem Besuch in Dülmen, „bei steten unsäglichen Schmerzen bei den Kindermützen, die sie nähte."

Ihr erster Biograf, Schmöger, der sich in seiner Darstellung ganz stark auf die Wiedergabe der Visionen konzentriert, spricht ausdrücklich auch von den „Tatsachen, welche ihr die rührendste Freude zu bereiten pflegten: Ihre Handarbeiten für arme Kranke und Kinder. Sie war mit solchen Liebeswerken Tag und Nacht bei allen Leiden ohne Unterlass beschäftigt." Ihre Selbstlosigkeit zeigt sich ihm in der „Fröhlichkeit, von der sie erfüllt wurde, so oft sie einen Vorrat von ihr selbst gefertigter Kleidungsstücke

Vorderfront des Gasthauses F. Limberg.

Hinterseite des Gasthauses F. Limberg.
Das (x) markierte Fenster im Obergeschoss
gehört zum Zimmer der Emmerick.

Das Zimmer von Anna Katharina – im 18. Jh. ausgebaut –,
ist im Original erhalten.

für arme Kinder beisammen hatte." In den Aufzeichnungen, die Brentano am Bett der Kranken machte, findet Schmöger immer wieder Hinweise auf solche Liebeswerke.

Gerade in der Zeit vor Weihnachten ist sie intensiv mit Näharbeiten beschäftigt, um Armen ein Geschenk anzufertigen. So berichtet Brentano vom 13. Dezember (1919): „Sie war heute früh ungewöhnlich heiter. Sie arbeitete fleißig an Mützchen und so genannten Bindsen aus allerlei Lappen für Kinder und arme Frauen auf Weihnachten. Sie war über ihrer Arbeit sehr heiter, lächelnd und gleichsam leuchtend. Ihr Gesicht war klar und rein, und hatte einen gütigen, schlauen, bewussten Ausdruck, gleich jemandem, der einen anderen mit einem versteckten Freunde überraschen will. Sie sagte, sie sei immer so heiter, wenn sie etwas für die Kinder bereite." Zahlreich sind Brentanos Tagebucheintragungen über die Näharbeiten der Emmerick.

Interessanterweise hat Brentano diese Tätigkeiten der Emmerick nur deshalb aufgezeichnet, weil er sie als hinderlich ansah für die Erfüllung der eigentlichen Bestimmung der Emmerick: sich in Visionen zu versenken und ihm die Visionen mitzuteilen. Schmöger, der als Erster die umfangreichen Aufzeichnungen Brentanos durchgearbeitet hat, sagt: „Vergeht doch bis zu ihrem Tode nur selten eine Woche, dass nicht die Tagebücher mit endlosen Klagen (Klagen Brentanos) angefüllt sind. Jedes Wort der Tröstung an Arme und Betrübte, jedes Zeichen gütiger und freundlicher Teilnahme, mit der sie die Anliegen, Bitten, die Klagen der Besuchenden anzuhören und darauf zu antworten bemüht ist, jede Ermüdung, jede leise Klage wird als Untreue gegen ihre Aufgabe, als Verschleuderung der Gnaden, als ein Raub an dem Pilger (so nennt sich Brentano selbst in den Aufzeichnungen) ihr angerechnet."

Die Aufzeichnung Brentanos vom 18. November zeigt die gegensätzlich Auffassung, die Brentano und die Emmerick über die Liebeswerke haben: „Ich fand sie alte, grobe Strümpfe von Wolle stopfend, welche sie verschenken wollte. Ich glaubte, sie versäume etwas durch so unnötige Arbeit. Sie erklärte mir aber schön, wie die Liebe wolle getan sein." Brentanos Vorwurf, dass „sie die großen überschwänglich empfangenen Gnaden meistenteils verloren gehen lasse", beantwortet sie mit ihrer in Gesichten empfangenen Version: „Die Gesichte aber machen niemand selig. Ich müsse *Liebe und Geduld und alle Tugenden üben.* Er (Ihr Bräutigam) zeigte mir dann eine Reihe von Heiligen, welche Gesichte gehabt von der verschiedensten Art, und wie sie *nur durch die Benützung dieser Weisungen* selig geworden."

Dennoch hat auch Brentano sich bemüht, für Anna Katharina Stoffe oder alte Kleider zu beschaffen. So schreibt er 1822 an seinen Bruder Christian: „Nun habe ich noch eine Bitte an Dich, die Du nicht vergessen musst, weil sie so ganz hinten steht; es ist für die hiesigen Armen. Kannst du mir nicht bei den Geschwistern etwas alte Kleider, Lappen, Flecken und Leinwand zusammenbasteln? Die arme Kranke hat gar nichts mehr auszuteilen, sie zerreißt und färbt ihre Betttücher, und es ist dergleichen ihre einzige Freude. Halte, lieber Christian, doch einmal solche Blumenlese, Du machst mir und ihr und vielen armen Kindern eine Freude damit." 1823, also noch kurz vor ihrem Tod, schreibt Clemens Brentano vom Rhein aus an den mit ihm befreundeten Vikar Niesing in Dülmen: „Sagen Sie der Emmerich, dass ich eine ganze Kiste voll Lappen und Kleider für die Armen mitbringe oder voraussende."

Auch Luise Hensel berichtet, wie Anna Katharina aus Lappen, die ihr Apollonia Diepenbrock geschenkt hat, Kinderjäckchen und Häubchen näht. Luise erfährt dabei auch, wie sorgsam Anna Katharina mit den Stoffresten umgeht. „Die liebe Selige gab mir auch einst einen Verweis, weil ich kleine Stückchen Zeug, die ich nicht für anwendbar hielt, wegwerfen wollte. ‚Zum Wegwerfen ist

nichts auf der Welt', sagte sie; ich musste alles wieder zu-
sammensuchen, glatt streichen und unter ihrer Leitung
noch ein kleines Kleidungsstück daraus machen."

Für sich selbst wies Anna Katharina Emmerick konse-
quent alles ihr angebotene Geld zurück. Sie hätte auch
damals aus den als Sensation dargestellten Phänomenen
an ihrem Körper viel Geld herausschlagen können. „Ich
weiß, sagt Cramer, der Erzpriester von Holland, in seiner
Schrift über die Emmerich, dass derselben von hier aus
ansehnliche Summen zum Geschenk geboten sind, dass
sie aber diese jederzeit ausgeschlagen hat." Aber, so sagt
sie: „Ich schäme mich nicht, für die Armen zu betteln."
Das ermöglicht ihr immer wieder, den Armen zu helfen.
So berichtet sie: „Ich sah (in einer Vision) gestern Abends
eine Frau von hier, welche der Entbindung nahe ist, einer
anderen Frau vertrauen, dass sie so arm sei und nichts
habe, um ihr Kind, wenn es zur Welt komme, einzuhül-
len. Ich dachte: Ach wollte sie doch zu mir kommen! Da
versetzte die andere Frau: Ich will doch sehen, ob ich für
dich nichts erhalten kann. Und heute ist diese Frau zu mir
gekommen, erzählte mir die Not der anderen, und ich
hatte die Freude, sie mit Allem versehen zu können."

Wie radikal auch in der Zeit der Krankheit ihre Hilfe ist,
zeigt folgendes Beispiel: „Als ich in der Nacht große Kälte
empfand, dachte ich an die Armen, die frieren müssten. Da
sah ich meinen Bräutigam, der mir sagte: Du hast nicht das
rechte Vertrauen zu mir. Habe ich dich je frieren lassen?
Habe ich dir nicht alles gegeben, was du brauchst? Warum
schenkst du die übrigen Betten nicht den Armen? Wenn
du sie brauchst, werde ich sie dir wieder geben. Da schäm-
te ich mich und nahm mir vor, trotz meiner Schwester (die
sich diesem Tun widersetzte) die unnötigen Betten fortzu-
geben. Dies tat sie nun am Abend wirklich und sagte:
Wenn die Verwandten mich besuchen wollen, so mögen
sie auf dem Strohsack schlafen, oder zu Hause bleiben."

Diese Hilfeleistungen sind nicht weltbewegend, aber sie forderten den Einsatz der ganzen Person. Denn alle Tätigkeiten mussten einem todkranken Körper abgerungen werden. Über ihre Krankheit sind wir heute am sichersten unterrichtet, weil ihr Arzt, Dr. Wesener, sie während der zehnjährigen Krankheit fast täglich besuchte, sie behandelte und sich mit ihr unterhielt. Er hat über sechseinhalb Jahre in einem Tagebuch den Zustand der Kranken und seine Behandlung beschrieben. Es gab Momente, da „schrie sie vor Schmerz". Von dem langen Liegen in einem Bett mit Stroh auf Brettern, so waren bis in das 20. Jahrhundert die Betten der einfachen Leute auf dem Lande, war ihr Rücken wund. Sie hatte „die heftigsten Schmerzen bekommen, so dass sie darüber den Verstand verlor. Sie wand und krümmte sich im Bette." Wie schon oben gesagt, fand Dr. Wesener sie oft dem Tode nahe. Schon am Anfang ihrer Erkrankung (25. 10. 1815) heißt es: Heute „war sie besonders elend und abends war sie so schlimm, dass man wieder die Nacht bei ihr wachen lassen musste." Im Verlauf ihrer Krankheit gibt es auch todesähnliche Zustände, in denen sie durch Beatmung wieder belebt wird. Als Anna Katharina 1824 gestorben war, ging Dr. Wesener sogleich zu ihr „den Leib warm zudecken zu lassen, der Gefahr vorzubeugen, weil sie so oft wie tot geschienen." D.h. er hatte sie schon oft in einem todesähnlichen Zustand erlebt.

Teilnahme am Schicksal anderer durch Trost und Gebet

Einem dermaßen Kranken würden wir zugestehen, dass er mit der Bewältigung seines Leidens aufs Höchste gefordert ist, würden deshalb bemüht sein, das Leiden anderer, ja jegliche Beunruhigung von ihm fern zu halten.

Anna Katharina selbst fühlt sich schon 1813, das war die Zeit, als ihre Stigmatisation bekannt geworden war und deshalb die ersten kirchlichen Beobachtungen und Untersuchungen begannen, dem Tode nahe. Darum trägt sie den Besuchern auf, „mit niemand von ihr zu reden", damit ihre Zeichen nicht noch weiter publik werden, „da sie die wenige Zeit, die ihr noch zu leben übrig sei, allein mit Gott hinbringen müsse; wenn man aber komme, sie zu sehen, unterbreche man sie in dieser Ruhe und schade ihr." Auch von Seiten der Kirche wollte man die Besucher möglichst von ihr fern halten, doch ging es der Kirche dabei nicht darum, die Kranke zu schonen. Der Generalvikar Clemens Droste zu Vischering (da es damals keinen Bischof in Münster gab, führte er das Amt des Bischofs) gibt dem Dechanten Rensing in Dülmen klare Anweisungen: „Je mehr die ganze Geschichte in Vergessenheit gerät, je weniger davon gesprochen wird, je weniger Besuche die Kranke von solchen, die nichts bei ihr zu tun haben, erhält, je besser. Deshalb sind keine Besuche als nur die vom Herrn Dechant erlaubten zuzulassen."

Allerdings bittet der Dechant nach der ersten kirchlichen Untersuchung den Generalvikar, ihn von der Kontrolle der Besucher der Emmerick zu entbinden, „um der fast täglichen Beunruhigungen und Verdrießlichkeiten los zu werden." Es geht dabei um ihn selbst, denn er weiß: „Alsdann würde die Bemitleidenswerte vom frühen Morgen bis in die Nacht keine ruhige Stunde haben, und von ganzen Karawanen der Neugierigen bestürmt werden." „Wegen des fortwährenden Zulaufs besonders von Fremden vornehmen und geringen Standes" hält die Regierung in Münster 1819 eine staatliche Untersuchung, nach ihrem Verständnis eine Entlarvung der Emmerick als Betrügerin für notwendig.

Doch es sind nicht nur Neugierige, die kommen, sondern hauptsächlich Kranke, Menschen in Not und Sorge.

A. K. Emmerick im Krankenbett.
Bild des Malers E. Steinle (1810–1866).

Bettkorb der Anna Katharina,
original erhalten.

Noch während des kirchlichen Besuchsverbotes hat der ehemalige Klosterarzt, Dr. Krauthausen, der an der kirchlichen Untersuchung beteiligt war, sich über das Verbot hinweggesetzt und seine kranke Frau „von zweien Leuten auf einem Stuhl zu ihr tragen lassen." Rensing berichtet dem Generalvikar weiter, dass „schon mehrere Personen sich um die Erlaubnis sie zu besuchen gemeldet haben, weil sie wünschten, sie ihrer Gebrechen und Kränklichkeit wegen zu Rate zu ziehen und sich persönlich ihrem Gebet zu empfehlen." So wie die kranke Frau Krauthausen an ihr Bett getragen wurde, so wurden ihr die Leiden und Krankheiten vieler „zugetragen". Und sie hat sich ihrer mit-leidend und betend angenommen.

Dr. Wesener, der als behandelnder Arzt bald an die Stelle von Dr. Krauthausen tritt, empfiehlt sich und seine Familie schon nach den ersten Besuchen ihrem Gebet. „Ich bat sie nun für mich und die Meinigen zu beten und vorzüglich für meine Brüder." Am nächsten Morgen gegen fünf Uhr findet Pater Limberg sie betend „mit ausgestreckten Armen". Als er sie fragt, was sie gebetet habe: „Sagte sie, der Doktor habe sie gebeten, für seine Familie, besonders für seine Brüder zu beten, hiermit habe sie einen Anfang gemacht." Wesener führt ihr nacheinander seine Familie zu, seine Frau, seine Schwester, seinen Schwiegervater und seinen Schwager, besonders aber legt er ihr seinen Bruder ans Herz, der als Offizier an den Kriegen der damaligen Zeit teilnimmt. Am Ende seiner „Kurzgedrängten Geschichte der Anna Catharina Emmerick" klagt er: „Ich selbst habe eine teilnehmende Freundin an ihr verloren, die mir oft meine schwere Bürde, die eine natürliche Melancholie noch vergrößert, durch liebreiches Zureden und Gebet fühlbar erleichterte." Die Bürde war sein Beruf als Arzt in der von Armut, Krankheit und Krieg geschlagenen Stadt.

Es ist davon auszugehen, dass er, der fast täglich bei ihr vorbeischaute, ihr auch von seinen Nöten bei seiner Arbeit erzählte und ihr auch seine Kranken ans Herz legte und dass sie betend an seiner Arbeit teilnahm. Das zeigt sich z.B. als 1817 die Not über die Stadt hereinbricht, „sprachen wir fast täglich von dem allgemeinen Drange der Umstände und ermunterten uns gegenseitig zum Gebet." Wie sehr die Kranke diese Sorge aufnimmt, beschreibt Wesener: „Darauf erzählte mir die Kranke, dass sie in der Nacht den lieben Gott aufs inbrünstigste gebeten habe, dass er doch möge gutes Wetter zur Ernte senden." Auch ihr – wie auch uns heute – fällt es schwer, die Not der Menschen mit ihrem Bild des gütigen Gottes zu vereinbaren. Sie rechtet deshalb mit Gott: „Sie habe ihm vorgestellt das große Elend und den Kummer der Menschen und habe ihm die Worte vorgehalten, dass er auch nicht einen Spatz verhungern lasse." Sie findet diese Antwort: „Darauf habe sie in einem Gesichte die unendliche Langmut und Barmherzigkeit Gottes und dagegen den Gräuel der Sünden gesehen, darüber sei sie so heftig erschrocken, dass sie alle Besinnung verloren habe."

Sie nimmt auch betend teil an dem Schicksal einzelner Patienten, wie wir aus Weseners Tagebuch erfahren: „Am 24. April (1813) empfahl ich der Leidenden sehr dringend einen kranken Bauern von ungefähr 50 Jahren, der seit einiger Zeit einen halbseitigen Schlag bekommen und nun an der linken Hand und am linken Fuß gelähmt war, ihrem Gebete. Sie versprach mir für diesen zu beten." Etwa 14 Tage später: „Ich gab ihr jetzt noch mein Vergnügen über die Nachricht der schönen Besserung meines erwähnten paralytischen (gelähmten) Kranken zu erkennen und bat sie, ihr Gebet für diesen Mann kräftig fortzusetzen."

Wie intensiv sie teilnimmt an dem Schicksal anderer, wird deutlich beim Sterben ihrer schwindsüchtigen Hauswirtin, der Schwester ihres Beichtvaters, Pater Limberg. Die Frau, die in der letzten Periode der Schwindsucht daniederlag, verbringt die letzten Wochen ihres Lebens in dem Zimmer der Emmerick. Die Sterbende hat die Nähe der begnadeten Frau gesucht, „weil sie glaubte, daselbst ihre Schmerzen am besten tragen und sich am besten zu ihrem Tod bereiten zu können", wie Dechant Rensing berichtet. Anna Katharina erzählt, wie sie in einer Ekstase die Kranke „die Treppe herunter begleitet und (sei) selbe (die Treppe) auf den Knien wieder hinangeklettert, das sei ihr unbeschreiblich sauer geworden." Der Traum ist ein Bild dafür, wie sie die Kranke in den Tod begleitet hat. Dieses Beispiel zeigt, wie Anna Katharina seelische Vorgänge bildhaft erlebt. Das bildhafte Erleben ist so intensiv, dass sie nun „bei voller Vernunft über Schmerzen in den Knien" klagt. (Wer sich näher mit Anna Katharina Emmerick beschäftigt, muss um die bildhafte Darstellung seelischer Vorgänge wissen, da ihm vieles sonst verschlossen, eventuell sogar abstoßend erscheint. Am besten verstanden hat diese schwer entschlüsselbare Bildwelt der Emmerick Clemens Brentano.)

Auch ihre Mutter kommt zum Sterben zu der kranken Tochter. „Das Stöhnen und Werfen ihrer achtzigjährigen asthmatischen Mutter verscheuchte ihr allen Schlaf; indessen freute sie sich dennoch, dass der Herr sie in den Stand gesetzt, ihrer guten Mutter all das Gute, welches sie ihr in der Kindheit erwiesen habe, einigermaßen vergelten zu können."

Dankbarkeit ist ein wesentliches Motiv ihrer Gebete. „Sie dankte übrigens mit Rührung für die Teilnahme und Hilfe, die man ihr angetan, und versicherte, dass sie bereit sei, bis am jüngsten Tag für die Personen, die sich ihrer annehmen, aber doch auch für alle Menschen zu leiden und zu beten, wenn nur der Herr ihr Geduld verleihen wolle." Ihr Beten für Dr. Wesener und seine Familie ist schon erwähnt worden. In besonderer Weise ist sie dem Abbé Lambert zu Dank verpflichtet. So leidet sie mit ihm, als dieser erkrankt. „Wegen der Krankheit des Herrn Lambert hat die Kranke eine edle Resignation ergriffen; sie meint, dass der liebe Gott sie auch noch mit dem Verlust ihres besten Freundes auf Erden, dem sie so viel Dank schuldig sei, prüfen könne."

Wie sehr Kranke ihre Gegenwart wünschten, ersieht man aus Weseners Bericht, wie eine „Kindsbetterin" im gleichen Haus die Emmerick durch mehrere Zimmer hindurch zu ihrem Bett tragen lässt. Die Emmerick sprach mit der jungen Mutter, „drückte den neuen Menschen an ihr Herz und ließ sich nach einer Weile wieder in ihr Zimmer tragen."

Als Luise Hensel für die am Anfang der Darstellung beschriebene Ausgrabung der Leiche der Emmerick Helfer sucht, trifft sie auf den Kupferschmied Meiners, der ihr spontan seine Hilfe anbietet. „Meiners sagte mir: er wolle auch mit, er habe der lieben Seligen so viel zu verdanken. Er sei nämlich an einer Seite sehr schmerzhaft gelähmt gewesen und habe lange nicht arbeiten können, so dass sein Geschäft sehr zurückgegangen sei und er um Frau und Kinder Sorge bekommen habe. Da habe er endlich zu seiner Frau gesagt, sie möge doch zur Jungfer Emmerick gehen und ihn ihrem Gebet empfehlen, damit er wieder arbeiten könne. Als die Frau kaum eine halbe Stunde weg gewesen, habe er bemerkt, dass Schmerz und Lähmung plötzlich verschwunden waren, sei aus dem Bett aufgestanden und in seine Werkstatt gegangen, und als seine Frau ins Haus zurückkehrte, fand sie ihn hämmern."

Doch nicht nur ihre nächste Umgebung erbittet die Hilfe von Anna Katharina Emmerick. Sie nimmt auch in besonderer Weise Anteil am Schicksal der vom Krieg unmittelbar Betroffenen. „Ein junger Mann war beim Militär desertiert und mehrere Jahre verschollen. Seine Mutter geht zu Anna Katharina Emmerick. Die tröstet sie und sie solle nach einigen Tagen wieder kommen. Da sagt sie ihr nun, sie möge unbesorgt sein, ihr Sohn lebe wohlbehalten auf einer Insel und in einigen Tagen werde sie einen Brief erhalten. In Kürze kam der Brief und bestätigte die Angabe. Das erzählt die Schwester des Deserteurs aus dem Munde ihrer Mutter." Sie hat sich also betend des jungen Mannes angenommen und in einer Vision Kunde über ihn erhalten. Ein anderer Fall, in dem ebenfalls eine Vision eine Rolle gespielt haben soll, wird berichtet: „Klara Kröger hat von ihrer Mutter gehört, wie diese geängstigt zu Anna Katharina Emmerick kam, weil ihre beiden Söhne ins französische Heer eingestellt werden sollten. Anna Katharina sagte zu der Frau: ‚Ich weiß wohl, warum du weinst, sei aber ruhig, wenn du kaum in euer Haus zurückgekehrt bist, so wirst du bald die Nachricht bekommen, dass nur einer eintreten braucht. Auch für diesen brauchst du nicht zu fürchten, er wird gesund zurückkehren'. Und so geschah es."

Aber auch ganz fremde Soldaten erbitten ihre Hilfe. „Als Preußen nach Frankreich zog, habe ich (ihr Hauswirt Franz Limberg) einem Soldaten auf sein anhaltendes Bitten einen Besuch bei der Jungfrau Emmerick erbeten. Ich ging mit dem Soldaten zu ihr, und sobald sie den Soldaten sah, sagte sie ihm: Wir haben ja nicht den gleichen Glauben (als Preuße war er protestantisch). – Sie ermahnte ihn nicht Bürger und Bauer zu prellen. Auch versprach sie ihm, auf seine Bitte, für ihn beten zu wollen. – Nach Beendigung des Krieges kam der Soldat wieder zu mir, er sagte, dass er glaube, durch das Gebet der Anna Katharina Emmerick erhalten worden zu sein, denn er sei in Schlachten gewesen, wo alles um ihn her gefallen sei."

Ganz besonders aber betet sie für ihre vom Krieg gefährdete Stadt. „Indessen habe sie sich Gott geweiht und hoffe für das Unglück des Krieges und besonders für diese Stadt zu leiden und abzubüßen." Sie fühlt sich dieser Stadt zu besonderer Dankbarkeit verpflichtet. „Da mich hiesige Stadt und das hiesige Kloster als ein armes Bauernmädchen aufnahm, wo mich schon mehrere Klöster abgewiesen hatten, so habe ich mich auch für diese Stadt aufgeopfert. Ich habe schon die angenehme Überzeugung erhalten, dass ich dieser Stadt schon was abgewendet habe und hoffentlich werde ich ihr auch noch ferner nützlich sein."

Nach den Berichten gibt es bei ihr auch eine ganz intensive betende Teilnahme am Geschehen an einem anderen Ort. Wesener erzählt von einem seiner Besuche: „Gegen zehn Uhr sprang sie auf einmal auf und betete wieder in den Knien mit ausgespannten Armen ca. 20 Minuten. ... Ich fragte sie, wo sie wieder gewesen sei? Sie sagte, sie sei auf einer Stelle gewesen, wo sie sehr nötig gewesen, sie habe gebetet und es sei doch gut gegangen." Ähnliches lesen wir bei Luise Hensel: „Eines Abends, während sie sehr leidend und dabei aber auch meist abwesenden Geistes oder doch innerlich mit Gebetsarbeit beschäftigt war, saß ich ihrem Bett etwas fern bei der Lampe mit einer Näharbeit ... Da fuhr sie plötzlich aus ihrem anscheinend abwesenden Zustande auf, sah mich entsetzt an und rief: ‚Bete! bete! bete! Es ist ein Schiff in Not, worauf viele Menschen sind. Ich muss wieder hin.' In dem Augenblick fiel sie plötzlich wie leblos zurück auf ihr Lager und mag etwa eine gute halbe Stunde so gelegen haben. Dann schlug sie die Augen auf, war aber ganz erschöpft, doch sichtlich getröstet. Ich sagte nach einem Weilchen: wie ist es mit dem Schiff geworden? Und sie sah mich sehr müde aber freundlich an und sagte, mit dem Kopf ein wenig nickend: Die Mannschaft ist gerettet."

Auch die, die ihr bei der staatlichen Untersuchung so stark zugesetzt haben, tauchen in ihren Gesichten und in ihren Gebeten auf. Dass sie zu Gestalten ihrer Träume werden, würde die Psychologie heute als posttraumatische Erscheinung erklären. Als Trauma erlebt sie auch in den Albträumen während des Verhörs ihre Verfolger. In der Distanz aber sieht sie diese als Verlorene: „Da gedachte ich meiner Verfolger und hatte einen Blick auf sie, als laufen sie wie durch eine Wüste." Es erfasst sie das Mitleid auch mit ihnen, „ich fing aber an für sie zu beten von ganzem Herzen, und ich erhielt auch die Gabe zu beten und hoffe, ein wenig geholfen zu haben." In einem Gesicht wird auch das Bild aufgegriffen vom „Hinübertragen". „Ich hatte viele Leute, Kranke, Lahme Krumme an der Landstraße nach einer Kirche zu tragen ... Ich trug den Rave, den ich am Ertrinken fand; den Landrat trug ich über einen Sumpf, den Roseri fand ich zerschmettert, wie von einem Fall in die Tiefe; auch an ihm habe ich mich müde getragen." Die Genannten waren alle Mitglieder der staatlichen Kommission. Sie sieht auch, dass diese Menschen selbst Opfer sind ihrer Leidenschaften. Ihr erscheinen diese Leidenschaften als Tiere, die sie abwehrt. „Diese Tiere bedeuten die Leidenschaften der Menschen, welche mich in ihre Gewalt zu bekommen trachten. Ich hab mir eine schwere Aufgabe gemacht. Ich habe es unternommen, in dieser Fastenzeit, von Gott die Besserung meiner Feinde und die Tilgung ihrer Schulden zu erflehen." Auch hier findet sich die für die Emmerick typische Umsetzung seelischer Vorgänge in Bilder. Aus der Sprache der Bilder in unsere Sprache übersetzt heißt das, die schwere Aufgabe bestand darin, dass sie ihre Schuldner aus der Schuld entlässt und darum betet, dass auch Gott diese von der Schuld freistellt. „Und vergib uns unsere Schuld, wie auch wir vergeben unseren Schuldigern."

In den Berichten über die Emmerick findet man noch zahlreiche Beispiele, die zeigen, wie Anna Katharina betend am Leiden, an Krankheit, am Sterben anderer teilgenommen hat. Die Akten sind natürlich kein Protokoll ihrer Gebete. Man muss davon ausgehen, dass die vielen Menschen, die zu ihr kamen alle, außer denen, die von reiner Neugier getrieben waren, erwarteten, dass Anna Katharina für sie betet. Und man kann sicher sein, dass

Anna Katharina deren Erwartung ernst genommen und für sie gebetet hat. Schon Graf Stolberg, der mit seinem Brief über den Besuch in Dülmen Anna Katharina über Dülmen hinaus bekannt gemacht hat, spricht von dieser Erwartung: „Die Gewissheit, dass sie unser und euer von nun an täglich vor dem Antlitz dessen gedenkt, dessen Zeichen sie trägt, ist mir ein süßer Gedanke."

Ihre Möglichkeiten zur praktischen Hilfe sind durch die Krankheit ganz erheblich eingeschränkt, doch nun kann sie das, worin ihre eigentliche Fähigkeit und Begnadung liegt, das intensive und ausdauernde Gebet, einsetzen als Hilfe und Beistand für andere. „Ich habe Gott für die elenden Hungernden gebetet, wo ich nicht hin kann", sagt sie Brentano. Das Beten für andere ist heute nicht mehr ganz leicht verständlich. Ihr praktisches Helfen findet auch bei Nichtchristen Anerkennung, aber das Gebet für andere? Damit können auch viele Christen heute wenig anfangen. Um dafür einen Horizont des Verstehens zu schaffen, muss man sich zunächst einmal vergegenwärtigen: die Menschen damals haben ihr helfendes Gebet gewünscht; sie haben ihr Gebet als Hilfe empfunden. Zum anderen hat Anna Katharina selbst in ihrem Leben erfahren, was Beten bedeutet. Sie hat betend, wie gezeigt worden ist, die Linie ihres Lebens gefunden und im Gebet hat sie ihr Leben, vor allem aber auch ihr Leiden bewältigt. Wer nur halbwegs eine Vorstellung von dem Ausmaß ihrer Schmerzen und Leiden hat, dem kann die Kraft des Gebetes nur Bewunderung abnötigen. Vielleicht sollten moderne Menschen auch einmal überlegen, wie viele Menschen heute bei bezahlten Therapeuten und anderen Helfern Verständnis und Anteilnahme an ihrem Schicksal suchen. Bietet der, der für mich betet, nicht noch mehr die Gewissheit einer echten Anteilnahme als der bezahlte Helfer?

Für Anna Katharina gab es solche psychologische Überlegungen natürlich nicht. Für sie war unbezweifelbar,

dass der Betende Gott erreicht. Sie war nicht nur überzeugt von der helfenden Kraft des Gebetes, sondern glaubte auch, dass man das eigene Leiden zu einem Gebet für
andere machen kann, sogar dass man dem anderen Leiden durch eigenes Leiden abnehmen kann. Und so hat sie
die lange Zeit ihrer Krankheit zu intensivem Gebet für
andere genutzt und hat versucht, anderen Leiden abzunehmen.

„Das schönste, gottgefälligste Gebet ist übrigens das
Gebet für andere. Sorgen Sie nicht für sich, beten Sie für
andere", empfiehlt sie deshalb auch ihrem Arzt, Dr. Wesener. Dechant Rensing erfährt von ihr: „Ich bete wenig für
mich, aber viel für die, welche sich meinem Gebete empfehlen, und am meisten für die Sünder, die es noch nicht
erkennen, wie elend sie sind."

Anna Katharina selbst war der Überzeugung, dass sie
auch das Leiden anderer übernehmen könne, oft litt sie
tatsächlich die gleichen Schmerzen wie der Kranke, für
den sie betete. Es wird sogar berichtet, dass die Schmerzen
den Kranken verließen, wenn sie sich ihrer bemächtigten.
„Ich hatte dieses Mitleiden schon von Kind an. Die Nachricht vom Unglück, Leiden, Krankheit, Sünde anderer Leute hörte ich mit immer einer solchen Empfindung an, dass
ich oft ganz starr da saß und meine Eltern fragten, ob ich
krank oder unweis sei. Schon sehr früh trugen sich die
Schmerzen anderer, wenn ich für sie betete, auf mich
über." „Der größte Teil meiner Krankheiten und Schmerzen mein ganzes Leben hindurch ... war übernommenes
Leid für andere. Entweder, dass ich die wirkliche Krankheit eines anderen, der sie nicht mit Geduld zu ertragen
vermochte, auf mich herüber betete und statt seiner ganz
oder teilweise auslitt, oder dass ich für irgendeine Schuld
der Not zu zahlen mich Gott hingab und dass dieser jene
Schuld in eine Art derselben angemessenen Krankheit als
Buße an mir ergehen und auskämpfen ließ."

Das ist uns heute noch fremder als das Beten für andere. Selbst die Theologen werden sich schwer tun mit einer solchen Anschauung. Doch wir alle wissen nicht, was Gott von unseren Gebeten, von unseren Verzichten, von unseren Opfern hält. Anna Katharina jedenfalls war fest davon überzeugt, dass die Kirche, der mystische Leib Christi ein großes Kraftfeld ist, in dem das eine auf das andere und der eine auf den anderen einwirkt. Interessanterweise ist das auch allerdings in reiner weltlicher Sicht die Ansicht der modernen Psychologie. Besonders Helm Stierlin hat das beschrieben in seinen Werken, vor allem in dem Buch mit dem paradigmatischen Titel. „Das Tun des Einen ist das Tun des Anderen."

Anna Katharinas Grundeinstellung zu anderen ist gut dadurch charakterisiert, dass sie, wie von vielen betont wird: „Nie schlecht von anderen redete." Sie „litt es durchaus nicht, dass man von den Fehlern anderer Leute sprach, und gab uns deswegen oft gute Ermahnungen", sagt z.B. ihr Bruder. Anna Katharina hat selbst sehr darunter gelitten, dass durch sie etwas von dem schwer erträglichen Wesen ihrer Schwester Drüke nach außen gedrungen war. Als Wesener und die Brüder Brentano dafür sorgen wollen, dass die Schwester aus der Wohnung entfernt wird, weil sie alle sie für so unverträglich halten, wehrt Anna Katharina sich dagegen. „Sie will die Schwester mit alle ihren Schwächen ertragen, sie liebt sie recht von Herzen", stellt Wesener fest.

Sie will also nicht nur andere nicht verletzten, sondern sie will das Liebenswerte in den anderen sehen. „Sie redete von jedem gut", sagt die Großbäuerin Emmerick, bei der Anna Katharina in Diensten gestanden hat. Und Anna Katharina will, dass die anderen das auch so sehen.

Ihre Erfahrung der Liebe Gottes bleibt also nicht Gefühl, sondern diese Erfahrung ermöglicht ihr, uneingeschränkt offen zu sein für andere und so hat sie sowohl im

Kloster als auch in der Zeit ihrer Krankheit die Not, den
Schmerz, den Kummer ihrer Mitmenschen sich im wort-
wörtlichen Sinne zu Eigen gemacht. Bei ihrem Begräbnis
wird in der Beteiligung der Bevölkerung sichtbar, welche
Ausstrahlung die seit mehr als zehn Jahren ans Bett Gefes-
selte hatte. „Nie erinnert sich der kleine Ort einer so zahlreichen Leichenbegleitung. Alle Priester und die Schulkinder und Bürger und sehr viele Arme begleiteten sie. Es
ging wohl mancher mit, dem sie unbekannt geholfen,
mancher, dessen Leiden sie auf sich herüber gebetet hatte." So erinnert sich Clemens Brentano.

Ausstrahlung

M it dem Bekanntwerden ihrer Wundmale wird Anna
Katharina Emmerick in die Öffentlichkeit hineinge-
zerrt. Von nah und fern kommen ihr bisher unbekannte
Leute aus allen Gesellschaftsschichten an ihr Krankenbett,
darunter Leute, die der damaligen gesellschaftlichen Elite
angehören, Menschen, mit denen sie in ihrem bisherigen
Leben nie Kontakt hatte, mit denen ein Mensch ihrer Herkunft und Ausbildung in der damaligen Zeit normalerweise auch nie hätte Kontakt bekommen können. „Ich bin
noch nie mit großen Leuten umgegangen und habe Scheu
vor ihnen", sagt sie selbst. Die Zeugnisse aus diesen letzten zehn Jahren ihres Lebens zeigen eine ganz ungewöhnliche Fähigkeit zur Kommunikation. Es ist ganz unwahr-
scheinlich, dass diese Fähigkeit nun plötzlich entstanden
sein sollte. Wahrscheinlich haben wir nur keine Berichte
davon aus ihren ersten vierzig Lebensjahren.

Doch blitzt etwas davon auf in der Aussage der Schnei-
dermeisterin, die Anna Katharina für immer an sich binden wollte. „Die Meisterin, bei der Anna Katharina arbei-

tete, fasste zu ihr eine solche Vorliebe, dass sie unter Bitten wiederholt den Antrag stellte, sie (die Meisterin) wolle im ehelosen Stande bleiben und alles mit ihr teilen, wenn Anna Katharina sich entschließen könnte, sie nie mehr zu verlassen. Sie war durch ihre Frömmigkeit so gerührt, dass sie daran dachte, in Gemeinschaft mit Anna Katharina bis an ihr Ende unter frommen Übungen ein zurückgezogenes Leben zu führen." Anna Katharina hat in dieser Zeit nicht nur die Meisterin für sich gewonnen, sondern aus dieser Zeit wird auch berichtet, dass „junge Mädchen zu ihr (zu Anna Katharina) kamen, um von ihr Rat und Unterweisung zur Frömmigkeit zu empfangen."

Andeutungsweise erfährt man von ihrer Kontaktfähigkeit auch in dem Bericht von Clara Söntgen an den Generalvikar: „Als sie eine Näherin geworden ist, hat sie an den Häusern, wo sie genähet hat, den Leuten des Abends, wenn die Arbeiten getan, allerhand Belehrungen gegeben, hat ihnen alsdann erzählt, was sie Schönes gelesen hätte, auch oft vorgelesen. Manche (vorzüglich von den jungen Bauernmädchen und Knaben) sind zu ihr gekommen und haben ihr ihren Gewissenszustand anvertraut, und gefragt, was sie zu tun hätten. Des Sonntags hat sie denn des Nachmittags die jungen Leute beredet (vorzüglich wovon sie gewusst, dass sie ein bisschen umschweiften), mit ihr den Kreuzweg zu gehen, wo sie denn laut vorgebetet hat."

Die Jungfrau Feldmann, die drei Jahre Lehrmädchen bei Anna Katharina Emmerick war, in dieser Zeit nicht nur ständig mit ihr zusammen gearbeitet, sondern auch mit ihr in dem an dem Elternhaus der Emmerick in Flamschen angebauten Arbeitsraum gewohnt und geschlafen hat, erzählt auch davon, wie eng und vertrauensvoll ihr Verhältnis zu Anna Katharina war: „Wir lebten sehr vertraut", sagt sie, „ich hatte große Zuneigung zu derselben. Diese Zuneigung kam daher, weil sie mir bei meinem langsamen Begriff mit der größten Sanftmut den Unterricht erteilte."

Auch bei der Familie Söntgen war Anna Katharina nicht nur als die Helferin akzeptiert. Sie sagt, dass sie „gleich nach dem Eintritt" in die Familie, „erkannte und fühlte, wie mich der redliche Hausvater liebte und wert hielt." Und „der gute Kantor erkannte meinen guten Willen und lobte mich manchmal ungeschickt. Er sagte, ich sei sein Engel." Vor allem aber gewinnt sie in Clara Söntgen, mit der sie die Schlafstelle teilt, eine Freundin fürs Leben. Anna Katharinas Begeisterung für das Klosterleben erfasst auch die jüngere Freundin, so dass sie gemeinsam den Weg ins Kloster gehen. Auch im Kloster bleibt Clara ihre Freundin. Sie hat auch nach der Auflösung des Klosters in der Zeit, als die Emmerick krank daniederliegt, immer Zutritt zu der Kranken.

Mit den anderen Mitschwestern im Kloster, so erfährt man aus den meisten Quellen, hatte Anna Katharina es nicht so ganz leicht. Man ist etwas verwundert darüber, da man nicht gut verstehen kann, dass eine Selige in ihrem eigenen Umfeld nicht gut zurechtkommt. Anna Katharina erklärt dieses Verhältnis verständnisvoll: „Ich war ihnen ein Rätsel." Mit ihren ungewöhnlichen Erlebnissen, der ihr eigenen bildhaften Wahrnehmung seelischer Vorgänge, mit ihrer Innigkeit des Betens, mit ihrer Großherzigkeit des Teilens, mit ihren Ekstasen war sie „ihnen höchst unheimlich und unbegreiflich".

Doch es gibt auch eine andere Seite. „Ich kam ihnen oft vor wie ihr eigenes, außer ihnen herumwandelndes Gewissen. So geschah es, dass oft Einzelne zu mir kamen, ja nachts bei mir saßen und mir ihr innerstes Herz ausschütteten und mich in allen ihren Seelengebrechen und Skrupeln, die ich oft gar nicht verstand, um Rat fragten und sich raten ließen." Allerdings bereuten sie oft, dass sie sich ihr so mitgeteilt hatten, so dass sie „später ein Geklage und Geschwätz anfingen, ich schiene das und jenes von ihnen zu denken."

Erkenntnisse der Gruppendynamik bieten uns heute eine Erklärung für dieses ambivalente Verhalten der Mitschwestern zu ihr. Wir wissen, dass die meisten Mitschwestern die Klosterregeln nicht ernst nahmen, Anna Katharina Emmerick dagegen sah in dem Klosterleben die Erfüllung ihres Lebens. Für die Gruppenmitglieder, die sich nicht voll mit den Regeln der Gruppe identifizieren, wird aber der, der die Erfüllung der Regeln ernst nimmt, zwar einerseits geschätzt, andererseits aber aus der Gruppensolidarität der übrigen Gruppenmitglieder ausgeschlossen, eventuell sogar diffamiert, abgewertet. Diese ambivalente Haltung der Gruppenmitglieder sichert ihnen ihre eigene Selbstachtung: einmal erfährt die Gruppe, zu der sie gehören, durch die Idealisierung der Regeln Wertschätzung, zum anderen wird das eigene Abweichen von den Regeln durch die Solidarität der Abweichenden und die Isolation des die Regeln Erfüllenden akzeptabel gemacht. Diese Erklärung macht uns die Position von Anna Katharina unter ihren Mitschwestern verständlich. Deren Aussagen zwingen deshalb nicht zur Revision des Urteils über die Emmerick.

Während des Klosterlebens entstanden auch tiefe Freundschaften. Solche verbinden Anna Katharina mit Abbé Lambert, der als Emigrant aus Frankreich in dem Kloster Unterschlupf gefunden hatte, und mit dem Beichtvater Pater Limberg, einem Dominikanerpater, der wie die Emmerick, allerdings schon etwas früher als die Emmerick, seine klösterliche Heimat durch die Säkularisation verloren hat.

Die Besucher, die nach dem Bekanntwerden der Stigmatisation an ihr Bett drängen, kommen natürlich wegen der in der Öffentlichkeit verbreiteten Wundergeschichten, denn sie wissen ja nichts von der Person. Doch viele von ihnen waren fasziniert von der persönlichen Erscheinung der Emmerick, von ihrer Ausstrahlung. Ihre körperliche

Oben links: Generalvikar Cl. A. von Droste Vischering (1773–1845), leitet das Bistum Münster 1807–1821; später Erzbischof von Köln. *Oben rechts:* B. Overberg (1754–1826), Theologe und Pädagoge, Regens; Emmerick nennt ihn „ihren geistlichen Vater". *Unten links:* F. L. Graf zu Stolberg (1750–1819), Jurist, Gesandter, Schriftsteller, macht die Emmerick nach einem Besuch in Dülmen durch seine Briefe bekannt. *Unten rechts:* Christian Brentano (1799–1880), Arzt, religiöser Schriftsteller.

Oben links: J. M. Sailer (1751–1832), damals bekannter und moderner Theologe, später Bischof von Regensburg. *Oben rechts:* Melchior Diepenbrock (1798–1853), Offizier, Theologe, Bischof von Breslau, Kardinal. *Unten links:* Luise Hensel (1798–1876), Dichterin, Erzieherin, Freundin von Brentano und der Emmerick. *Unten rechts:* Apollonia Diepenbrock (1799–1880), Schwester von Melchior, zuletzt Krankenhaus-Oberin in Regensburg, Freundin der Emmerick.

Erscheinung, der körperliche Ausdruck, die, wie wir heute wissen, für die Kommunikation ganz bedeutend sind, konnten dabei keine Rolle spielen, denn der Körper der Kranken war im Bett verdeckt, auch der Kopf war mit einer Stirnbinde bedeckt, so dass nur das Gesicht frei blieb. Umso größer und überzeugender muss die Wirkung gewesen sein, die von dem Gesicht, von ihren Worten ausging. Luise Hensel ist die Wirkung der ersten Begegnung mit der Emmerick noch nach vielen Jahren gegenwärtig: „Sie empfing mich mit großer Freundlichkeit und hatte etwas ganz menschlich Liebes ... Sobald wir allein waren, umarmte sie mich mit großer Innigkeit ... da ließ sie mich plötzlich aus ihren Armen und schaute mich mit einem langen, ernsten unaussprechlichen Blick an, von dem ich fühlte, dass er durch alle Tiefen meines Wesens drang."

Overberg, der sie häufig gesehen hat, beschreibt ihre zurückhaltende Bescheidenheit, stellt gleichzeitig fest: „Wenn aber die Kranke in die Notwendigkeit gesetzt wird, reden zu müssen, so bewundern sie (die Besucher) an dieser Person von geringer Herkunft, die nur vier Monate ununterbrochen zur Schule ging, ihre tiefe Einsicht und werden entzückt von der Schönheit ihres freudestrahlenden Blickes und über die Erheiterung ihres ganzen Angesichtes, sobald von Gott, von dessen Güte, vom Himmel oder dergleichen die Rede kommt."

Aus einigen Begegnungen von Besuchern am Krankenbett erwuchsen tiefe Freundschaften mit Anna Katharina. Was umso verwunderlicher ist, als bei den damaligen Verkehrsbedingungen für die entfernter Wohnenden die Möglichkeit zu häufigeren Begegnungen – eigentlich Voraussetzungen für eine enge Freundschaft – sehr beschränkt waren. Symptomatisch ist z.B., dass, wie anfangs beschrieben, Luise Hensel, wohl die beste Freundin, nicht zu ihrem Begräbnis kommen und erst fünf Wochen nach dem Tod der Emmerick ihr Grab besuchen kann. Clemens

Brentano, Dr. Wesener, ihr Arzt, Overberg, Luise Hensel, Melchior Diepenbrock, der spätere Bischof von Breslau, und seine Schwester Apollonia waren Anna Katharina in tiefer Freundschaft verbunden. Wahrscheinlich ist ein solcher Grad von Verbindung, die diese Freundschaften kennzeichnete, heute ganz selten.

Tief beeindruckt von einem einmaligen Besuch war Friedrich Leopold Graf zu Stolberg, der als einer der ersten auswärtigen Besucher in einem langen Brief, den er an seine Freunde in Deutschland und in europäischen Nachbarländern schickte, den Namen der Nonne und die Stadt Dülmen über den engeren räumlichen Horizont bekannt machte. Auch Johann Michael Sailer, der bekannte Theologe und Bischof von Regensburg, konnte sich dem Eindruck der Begegnung mit Anna Katharina nicht entziehen. Er war so fasziniert von dem Besuch, dass er auch Melchior Diepenbrock und Clemens Brentano zu einem Besuch in Dülmen drängte. Wie nachhaltig der Besuch Sailers in Dülmen ihn bewegt, zeigt seine Bitte in einem Brief an Anna Katharina: „Bete auch für mich und die Regensburger Diözese, dass ich mein Amt zu Gottes Ehre ausrichte. – Es liegen mir drei große Steine am Herzen ... O bete, dass sie mir abgenommen, oder wenigstens erleichtert werden. Ich will Deiner täglich vor dem Herrn gedenken: tu es auch für mich." Christian Brentano, der jüngere Bruder von Clemens, von Beruf Arzt, war schon vor seinem Bruder Clemens drei Monate in Dülmen. Seine schon empfundene Neigung zum christlichen Glauben fand, wie er selbst sagt, bei „dieser liebenswürdigen Frommen eine mächtige Bestätigung." Da er glaubte, dass ein Besuch in Dülmen bei seinem Bruder Clemens die gleiche Wirkung haben könnte, drängte er ihn zu einem Besuch in Dülmen. „Ein Brief, den er darüber an Clemens schrieb, erweckte auch wirklich in diesem einen so lebhaften Wunsch, diese begnadigte Seele kennen zu lernen, dass er

mit Freuden die Einladung Christians annehme, in Dülmen mit ihm zusammenzutreffen."

Es gibt noch viele, die Zeugnisse von der Begegnung
mit der Emmerick hinterlassen haben. Die meisten aber
von denen, die sich an ihr Bett drängten, haben das nir-
gendwo dokumentiert. Unter ihnen waren sicher viele
Neugierige, doch die Mehrzahl suchte bei ihr Rat, Hilfe,
unterstützendes Gebet. Wesener, der durch seine regelmäßigen, zeitweise täglichen, an manchen Tagen sogar
mehrfachen Besuche am besten wusste, was sich in dem
Krankenzimmer abspielte, sagt: „Viele Menschen, die sie
alle liebte, verlangten Trost und Rat von ihr; sie hat ihn
gegeben, sie hat die Menschen getröstet und beruhigt; wo
sie es hernahm, das mögen sich meine Leser jetzt selbst beantworten."

Man muss sich dabei immer wieder das anfangs Dargestellte vor Augen halten: Anna Katharina war in dieser
ganzen Zeit schwer krank, oft dem Tode nahe. Umso er-
staunlicher ist, dass sie dennoch immer wieder neue Kontakte aufnehmen, Freundschaften knüpfen konnte. Das
Erstaunlichste und eigentlich Unbegreifliche ist, dass eine
Todkranke anderen Vertrauen in das Leben vermitteln
konnte. Das war nur möglich, weil die Besucher eine Frau
erlebten, die nicht von ihren Krankheiten aufgezehrt war,
nicht in Klagen und Selbstmitleid versank, sondern ihre
Krankheit angenommen hatte und die deshalb selbst in
ihrer Situation noch von dem liebenden Gott reden konnte.

Etwas davon hat Achim von Arnim bei seinem Besuch
in Dülmen erfasst. Er kam von einem Besuch bei Goethe
nach Dülmen, kam aus dem so reich ausgestatteten Haus
Goethes in Weimar, von dem erfolgreichen Dichter, in die
armselige Kammer zu der kranken Emmerick. „Ich konnte mich bei den vielen Steinen und anderem irdischen
Kram, womit er (Goethe) sich umbaut, einiger Verglei-

chungen nicht erwehren mit der frommen Seele in Dülmen, die bei steten unsäglichen Schmerzen bei den Kindermützen, die sie nähte, von tausend Seligkeiten leuchtete, während Goethe in übergewöhnlicher Naturkraft mit
zornigem Auge durchs Fenster sah und über die kimmeri-
schen (unheimlichen) Nächte klagte."

Die Nennung der Freundschaften und Kontakte zeigt
zunächst einmal nur die bewundernswerte Offenheit, die
Kontaktfähigkeit von Anna Katharina Emmerick. Mit den
Aufzählungen der Freundschaften ist noch nichts gesagt
über den Charakter der Beziehungen, die entstehen. Man
kann sich nur wundern, aber nicht begreifen, dass Menschen sich so von ihr angezogen fühlten. Etwas davon
kann man sichtbar machen bei den beiden tiefsten
Freundschaften der Emmerick: Ihrer Freundschaft mit Dr.
Wesener und ihrer Freundschaft mit Clemens Brentano.
In beiden Fällen bietet uns die Literatur sichere Grundlagen. Da in diesen authentischen Quellen die zwischen-
menschlichen Beziehungen der beiden zu der Emmerick
eindrucksvoll erfasst sind, soll an diesen beiden Beispielen
dargestellt werden, wovon die Kommunikation der Emmerick mit denen, die zu ihr kommen, bestimmt ist.

Freundschaft mit dem Arzt Dr. Wesener

Die Beziehung Dr. Weseners zu Anna Katharina begann
1813, als die Stigmatisation der Emmerick in Dülmen
zum Tagesgespräch wurde. Wesener war, wie viele des damaligen Bildungsbürgertums ein „freisinniger" Mann,
d.h. er hatte seinen Glauben verloren. Luise Hensel erzählte er: „Wie er von frommen Eltern gut erzogen, gläubig
und unverderbt zur Universität gekommen sei, dort aber
die Fesseln, die ihm der Glaube angelegt, bald abgeworfen
und den Unglauben gesucht habe, um nach der Art zu le-

ben, wie er viele andere Jünglinge leben sah." Als ihm die Anstellung als Arzt in Dülmen winkt, „da habe er gedacht: Das ist ein frommes Städtchen und du wirst keine Praxis bekommen, wenn die Leute merken, dass du nichts glaubst, als was du mit Händen greifen kannst. Er habe also gleich die Kirche regelmäßig besucht und sich wohl in Acht genommen, seine innere Gesinnung auszusprechen."

Was anfangs schon bei der Beschreibung der damaligen Frömmigkeit gesagt worden ist, wird hier bestätigt: Religion diente vielfach zur Sicherung der Moral, wurde deshalb von vielen als Fessel empfunden. Sobald die unmittelbare Kontrolle durch die Umgebung oder durch Autoritäten nicht mehr gegeben war, konnte man diese Fesseln abstreifen. Gleichzeitig zeigt uns die äußere Anpassung Weseners an das „katholische Milieu", wie fassadenhaft Religiosität in einer solchen „christlichen Gesellschaft" sein kann.

Im März 1813 abends hörte Wesener am Wirtshaustisch von der Stigmatisation der Emmerick. Er berichtet selbst: „Ich lachte darüber und machte mich lustig über einen so krassen Aberglauben." Er will sofort am nächsten Tag den Betrug, mit dem er sich das nur erklären kann, aufdecken. Bei seinem ersten Besuch wendete sich die Kranke abrupt ab, er musste unverrichteter Dinge wieder gehen, versuchte es am nächsten Tag noch einmal. „Zu meinem großen Erstaunen sah ich auch die bekannten Male an Händen und Füßen. Diese Erscheinung wusste ich nicht zu Hause zu bringen, hoffte aber den Grund bald zu finden." Etwas verloren zwischen den registrierten Beobachtungen an der Kranken findet man den Satz: „Sie gewann mich auf der Stelle lieb." Wesener wurde auch Zeuge der Blutungen, doch er blieb zunächst bei seiner kritischen Haltung: „Diese Erscheinung befremdete mich außerordentlich; ich hatte keinen Schlüssel für dieses Phä-

Dr. F. W. Wesener (1782–1832) Arzt in Dülmen,
ein hoch gebildeter und engagierter Mann,
Freund der Emmerick.

nomen." Aber gleichzeitig musste er sich eingestehen: „Meine Erwartung durch einen imposanten Eingriff einem verlarvten Fanatismus die Maske abzuziehen, war gescheitert."

Dennoch stand er den Erscheinungen noch kritisch gegenüber und wollte sich nicht auf sein eigenes Urteil allein verlassen. Deshalb regte er an, gemeinsam mit dem Dechanten Rensing, mit seinem Kollegen, dem Arzt Dr. Krauthausen, und mit dem Beichtvater der Emmerick, dem Pater Limberg, die Emmerick zu den Erscheinungen zu befragen und den Bericht dem Generalvikar zuzusenden. Was auch unmittelbar geschah und für den Generalvikar Anlass einer sofortigen kirchlichen Untersuchung wurde.

Zuvor aber führte Wesener allein Gespräche mit Anna Katharina Emmerick. „In diesen Unterredungen", so sagt er, „ suchte ich mir einen deutlichen Begriff von ihren intellektuellen Fähigkeiten, moralischen und religiösen Ansichten zu verschaffen und musste mich wahrlich wundern über ihren schlichten, geraden Verstand und über ihre vorurteilsfreie, wahrhaft aufgeklärte moralische Denkungsart. Überhaupt nahm mich das liebevolle, sanfte Wesen gänzlich ein." Und das obwohl er gleichzeitig feststellte: „Ihre religiösen Ansichten konnte ich aber damals noch nicht teilen."

Um diese Aussagen wie auch sein ganzes späteres Verhalten gegenüber der Emmerick richtig bewerten zu können, muss man wissen, Dr. Wesener war ein hoch gebildeter Mann. Er entstammte einer Familie, die über eine lange Geschichte im Bereich der Bildung verfügte. D.h. für die damalige Zeit: ihm standen schon in der Kindheit und Jugend Zeit, Geld, Bücher, häusliche und gesellschaftliche Anregungen und Schulen offen. Er studierte, was auch damals nicht ganz selbstverständlich war, an unterschiedlichen Universitäten (Halle, Göttingen, Würzburg und

Wien) und hatte prominente Professoren als Lehrer. Auch während seiner Tätigkeit als Arzt in Dülmen setzte er seine wissenschaftliche Arbeit fort. Hümpfener, der Weseners Tagebuch herausgegeben hat, braucht in seinem Vorwort 14 Seiten für die Beschreibung der wissenschaftlichen Arbeiten Weseners.

Schon bald in den ersten Gesprächen Weseners mit Anna Katharina Emmerick wird seine Haltung zur Religion zum Gegenstand. „Seine fromme Kindheit, seine selbstgesuchten Zweifel" kommen zur Sprache. In diesem Gespräch soll, so will es Luise Hensel von Wesener selbst erfahren haben, Anna Katharina dem Arzt zwei Dinge gesagt haben, „die sie nur durch höhere Offenbarung wissen konnte, denn sie waren nur zwischen Gott und mir geschehen, nie hatte irgendein Mensch eine Ahnung davon gehabt, noch haben können." Ob das Gespräch tatsächlich diesen Wundercharakter gehabt hat, ist für uns heute nicht so wesentlich. Wichtig aber ist, und vielleicht liegt eher darin das Wunder, dass schon nach wenigen Stunden der Bekanntschaft sich der hoch gebildete Arzt dieser einfachen Frau anvertraut, existenzielle Fragen mit ihr bespricht und sich offensichtlich unmittelbar verstanden fühlt. „Von diesem Augenblick an war sie die beste Freundin dieses Mannes", sagt Luise Hensel.

Er ist so fasziniert von Anna Katharina Emmerick, dass er sie von nun an fast täglich, an manchen Tagen, wenn sie gesundheitlich besonders schlecht zurecht war, auch zweimal am Tag besucht. Dabei kommt es auch immer wieder zu ausführlichen Gesprächen mit ihr. So wichtig erscheinen ihm die Begegnungen, dass er beginnt, sie in einem Tagebuch festzuhalten. Medizinisch kann er sich die Wundmale nicht erklären, er ist aber von der Lauterkeit der Emmerick so überzeugt, dass er nun übernatürliche Zeichen darin sieht, dass er ihr mit außerordentlicher Ehrfurcht begegnet.

Er findet in den Gesprächen mit ihr zu seinem Glauben zurück. Das aber ist ihm, der so lange dem Glauben entfremdet war, so wichtig, dass er alle seine Verwandten an das Bett der Kranken holt, weil er hofft, dass sie die gleiche Erfahrung in der Begegnung mit Anna Katharina machen. Die entfernt wohnenden Brüder empfiehlt er ihrem Gebet. Clemens Brentano sagt, dass Wesener „gerne eingestehen wird, dass er ihr mit den vielen Freundesdiensten, welche er ihr bis zu ihrem Tode täglich erwiesen, nicht bezahlen kann, was er durch ihren Anblick und ihre Belehrung wieder gefunden und treu bewahrt hat, nämlich den lebendigen Glauben an Jesum Christum und seine Heilsanstalt, die katholische Kirche.“

Brentano, der die gleiche Erfahrung mit der Emmerick gemacht hat, hat mit seiner Einschätzung sicher Recht. Wesener hat das sicher genauso gesehen, dass er mehr von der Emmerick bekommen hat, als er ihr geben konnte. Was ihm seit seiner „Bekehrung“ der Glaube wert ist, betont er in dem Brief, den er einem seiner Söhne zum Geleit mitgibt, als dieser zum Studium von zu Haus weggeht: „Bedenke, wer dir deinen heiligen Glauben anficht oder rauben will, der beraubt dich des höchsten und heiligsten Gutes, und will dich nicht nur zeitlich, sondern auch ewiglich unglücklich machen.“ Dass Wesener zu einem „lebendigen Glauben“ gefunden und ihn auch lebenslang in dieser Lebendigkeit gelebt und bewahrt hat, dafür ist Brentano unmittelbarer Zeuge.

Bei seinen Besuchen versorgt Wesener die Kranke medizinisch, unterhält sich ausführlich mit ihr und wird auch der erste Zeuge von Visionen. Sie erzählt ihm immer wieder Visionen, die sie vor oder sogar während seines Besuches hatte. Wesener findet sie oft in einem ekstatischen Zustand, aus dem sie in seiner Gegenwart erwacht. So ist er auch der Erste, der von ihr direkt erfährt, wie aus dem Gebet, aus einer Betrachtung „über die unendliche

Liebe und Erbarmung Gottes", aus einem Gebet vor dem kleinen silbernen Kreuz an ihrem Bett (ein Kreuz ohne Korpus) eine Vision des Gekreuzigten wird. Wesener hat diese Vision (nach dem Bericht der Emmerick) aufgeschrieben: „Der Glanz des Kreuzes stieg und nun sah ich auch einen Körper an demselben leibhaftig hangen." Und das Bild wird nun auch lebendig: „Aus den Wunden dieses gekreuzigten Körpers rann das Blut ... Da reckte der Körper seinen rechten Arm in einem Bogen hervor und wollte uns sämtlich umfangen ... Darauf sprach er zu mir: ‚Sieh hier meine Liebe – sie ist ohne Grenzen! Alle, alle kommet in meine Arme, euch alle will ich glücklich machen'."

So erlebt Wesener Anna Katharinas Intensität des Betens, des Betrachtens, er fühlt sich mit einbezogen in die Offenbarung der Liebe Christi. Er sieht auch, wie selbstlos Anna Katharina, das was sie hat, verschenkt, die letzte Kraft, die ihr in ihrer Krankheit bleibt, betend für andere einsetzt und ihr Leiden anderen zugute lassen kommen möchte. Er ist davon ergriffen und fühlt sich beschämt in seinem bürgerlichen Stand. So schämt er sich, dass er in einer Gesellschaft im Wirtshaus gesessen hat, als er von Anna Katharina gehört hat. Offensichtlich meint er, angeregt durch das Beispiel der Emmerick, dass praktiziertes Christentum mit einer solchen Teilnahme am Leben, auch mit der Sorge um Einkommen und Besitz nicht vereinbar sei.

Es kommt mehrfach zu Gesprächen über seine Form als Christ zu leben. Anna Katharina ermahnt ihn zwar ausdrücklich auch zur Hilfsbereitschaft und Mildtätigkeit: „Sie forderte mich auf den Armen beizustehen und sie zu unterstützen, indem dieses ein äußerst gottgefälliges Werk sei." Doch genauso eindringlich ist ihre Mahnung: „Die wahre Religion bestehe nicht aus Beten, sondern in der Erfüllung seiner Pflicht. Jeder müsse die Bahn rechtschaffen durchlaufen, die ihm Gott, der Herr, vorgesteckt. Übrigens aber sollte ich froh sein und meinem Stande gemäß leben. Ich müsse mich keinen ehrbaren Gesellschaften entziehen, aber böse meiden." Und sie, die alles, was sie nicht unmittelbar braucht, den Armen gibt, belehrt ihn: „Man brauche nicht alles das Seine zu geben, man brauche nicht seinen Rock auszuziehen, man müsse geben nach Kräften, d.h. so, dass man sein gewöhntes, standesmäßiges Leben fortsetzen könne. Die Eltern müssten sorgen, ihr Vermögen auf ehrliche Art zu vergrößern, um auch ihre Kinder standesmäßig unterzubringen, damit man ihnen keinen Anlass zum Missvergnügen gebe."

In die gleiche Richtung weist ihre Interpretation des Schrifttextes über den Reichtum: „Sie sagte, nicht der sei reich, der viel Geld und Güter habe, sondern der, welcher immer nach Geld und Gütern trachte, der, dessen ganzes Herz am Gelde hange. Und wenn die Schrift sage: ‚Der Reiche kann nicht ins Himmelreich eingehen‘, so werde dies nicht von dem verstanden, der viele Güter habe, sondern von dem, welcher seine Güter nicht recht anwendet, oder der immer darnach trachtet, und sich immer ängstige, er habe nicht genug. Hiernach könne ein Mensch, der Tausende besitze, nicht reich sein, und einer, der nur einige Taler habe und sie bei sich bewahre und immer nach mehr geize, im biblischen Sinne reich sein."

Wesener bleibt dennoch weiterhin beunruhigt, wie in seinem Leben sich Eigentum und die Verpflichtung zur Nächstenliebe vereinigen lassen. „Ich brachte nachher wieder die Rede auf Menschenliebe und Almosengeben und wollte ihre Grundsätze auf meine individuellen Verhältnisse angewendet wissen. Sie sagte mir wie folgt: Ich müsse meine Kräfte und mein Vermögen zum Wohle meiner Kranken so anwenden, dass meine Familie nicht dabei zu kurz käme. Überdies wäre ich nicht für einen, sondern für viele da."

Wesener gibt selbst nach dem Tod der Emmerick am Ende seiner Geschichte der Emmerick, rückblickend, auch auf sein eigenes Leben, ein Urteil gerade über die in diesen Gesprächen zu Tage kommende Haltung der Emmerick ab: „Sie war so wenig eine bigotte Frömmlerin und religiöse Schwärmerin, dass sie mir recht gut beweisen konnte, dass ich mich sehr grob versündigen würde, wenn ich meinen Stand, wozu mich Gott berufen, mit einem einsamen Leben vertauschen wolle."

Was sie selbst in ihrem Leben erfahren hat, das gibt Anna Katharina Emmerick in ihrer Freundschaft mit Wesener weiter, in dem sie ihn ansteckt „mit dem Feuer der Liebe". Sie ermuntert also ausdrücklich den Arzt zu seiner Arbeit, weil sie gerade in seinem Beruf die Möglichkeit sieht, das zu verwirklichen, was ihr für ihr Verständnis vom Christentum wichtig ist: die praktizierte Liebe. Sie wird ihm bei dieser Arbeit, wie er selbst sagt, seine „teilnehmende Freundin". „Ihrem Gebet empfiehlt er seine Patienten, sie arbeitet die Leinwand, die er für seine Armen geschenkt erhalten, zurecht, er verteilt die Mützchen und Kleidchen, die sie für die armen Kinder hergerichtet."

Doch die Emmerick sieht auch, dass der Freund leicht an dem Feuer, das sie angesteckt hat, verbrennen kann. Und es ist schon erstaunlich, dass sie, die sich so radikal dem Ideal der Liebe verschrieben hat, diesen Sinn für Realität bewahrt hat. Ihre liebende Teilnahme zeigt sich gerade darin, dass sie dem Freund hilft, in dem Konflikt, in den sie ihn durch ihr Beispiel gebracht hat, Rat erteilt, Helferin ist. Und es scheint, als habe Wesener noch bei dem Abschiedsbrief, den er vor seinem frühen Tod an seine Kinder schreibt, auch diese Mahnung der Emmerick zur Begrenzung im Auge, wenn er seinen Sohn H. mahnt: „Hüte dich vor voreiligen Gelübden, wozu das Beispiel großer Seelen dich bestimmen könnte. Es ist überhaupt nicht gut, wenn wir uns selbst Bürden binden, sicherer ist die auf sich zu nehmen, die uns Gott der Herr auferlegt. Denn gibt er die Bürde, so gibt er auch zugleich die Kraft sie zu tragen."

Die Begegnung, die Gespräche mit der Emmerick haben Dr. Wesener dazu gebracht, zumindest aber darin bestärkt, seinen Beruf als Arzt als praktizierte Nächstenliebe zu verstehen. Er war, was damals nicht selbstverständlich war, auch für die Armen als Arzt da. In der Dülmener Chronik „wird seiner aufopfernden Tätigkeit in der Pflege der verwundeten Soldaten in den Freiheitskriegen 1813/14 sowie der vielen an einem durch die Einquartierungen verursachten und verbreiteten bösen Nervenfiebers besonders gedacht." Über seine ärztliche Tätigkeit hinaus aber hat er sich auch um die Armen gekümmert. „Er wirkte mit zur Schaffung und Organisierung von Arbeitsmöglichkeit für die arme Bevölkerung, deren Zahl durch die Kriege stark gewachsen war und besonders unter dem Misswuchs und der Teuerung des Jahres 1817 ohne diese Fürsorge bitter zu leiden gehabt hätte." Er setzte sich gleichzeitig für die Einführung der Pockenschutzimpfung ein und wirkte mit bei der Eindämmung einer durch die Truppen eingeschleusten Viehseuche.

Wenn man bedenkt, dass er daneben noch wissenschaftlich tätig war, dass er eine große Familie hatte, 13 Kinder, von denen 8 überlebten, dann kann man, so wie er es am Ende der Geschichte der Emmerick tut, nur fragen, woher er die Kraft nahm. Er hat alles dies, wir wissen es z.B. genau bei der Hungersnot 1817, auch der Emmerick zugetragen, und er hat sich durch ihr helfendes Gebet ermutigt und bestärkt gefühlt. Daraus hat er die Gewissheit gewonnen, die er auch seinem Sohn vermittelt: „Denn gibt er (Gott) die Bürde, so gibt er zugleich die Kraft sie zu tragen."

Durch die Begegnung mit Anna Katharina hat er wie sie die Erfahrung der Liebe Gottes gemacht, hat wie sie sein Leben darauf ausgerichtet, diese erfahrene Liebe in seinem Leben weiterzugeben. In seinem Abschiedsbrief beschwört er seine Kinder: „Das Erste und Beste, was ich euch nun noch zu raten habe, ist das Gebot des Herrn: Liebet euch untereinander." Oder noch einmal am Schluss: „Wo Liebe und Eintracht ist, da ist Gott, denn Gott ist die Liebe." Gibt er hier nicht die Erfahrung, die Worte der Emmerick weiter an seine Kinder?

Wesener hat während seiner langjährigen Freundschaft mit Anna Katharina Emmerick nicht nur selbst viele Gespräche mit ihr geführt, sondern ist auch Zeuge von vielen Besuchen geworden. Er beobachtet dabei, was er selbst bei seinen ersten Begegnungen mit Anna Katharina erfahren hat: sie durchschaut gleichsam die Besucher. „Sonderbar ist das anziehende und zurückstoßende Gefühl, welches die Kranke immer beim Anblicke unbekannter Personen, die sie besuchen, empfindet. Ich habe dieses schon oft an ihr erfahren, dass sie unbekannte Personen ganz richtig beurteilt." Anna Katharina erklärt ihm dazu: „Sie sagte auch, dass sie oft in den Herzen der Menschen, die zu ihr kämen, lese und dass sie gewöhnlich wisse, was man von ihr denke." Das entspricht der Erfahrung, die Luise Hensel schon bei ihrem ersten Besuch bei der Emmerick gemacht hat. Anna Katharina hat Luise auch versichert: „Glaube mir: wer zu mir kommt, dem sehe ich auf den Grund des Herzens; das hat mir Gott gegeben."

Am Ende seiner Geschichte der Anna Katharina Emmerick charakterisiert Wesener ihren Umgang mit anderen, die Form ihrer Kommunikation: „Im Umgang und im Gespräche war die Person immer ganz schlicht und natürlich. Nicht die geringste Frömmelei, Albernheit und Empfindelei, die das gewöhnliche Eigentum alter Jungfern sind, ließ sie an sich spüren; dagegen war sie äußerst mitleidig, freundlich und liebreich gegen andere." Genauso urteilt Luise Hensel: „Wenn jemand zu ihr kommt, spricht

sie freundlich und teilnehmend mit ihm von allem worauf das Gespräch kommt ... Sie nimmt aus Liebe zu den
Menschen teil an allem, was man ihr erzählt."

Aus diesen Zeugnissen wird in etwa begreifbar, was die
vielen Besucher an Anna Katharina Emmerick faszinierte:
Ihre bewundernswerte, ja fast grenzenlose Offenheit für
andere, ihre Fähigkeit, sich auf den anderen einzustellen,
seine Stärken zu erfassen, vor allem aber wohl, zuhören zu
können. Und immer wieder wird dabei betont, die Grund-
haltung aus der dies alles kommt, ist ihre Liebe. Wesener
fasst das darin zusammen: „Viele Menschen, *die sie alle liebte,* verlangten Trost und Rat von ihr; sie hat ihn gegeben,
sie hat die Menschen getröstet, beruhigt." Und er erfährt
diese Liebe noch in ihren letzten Stunden. „Ihr schwaches
Leben war der Betrachtung und den inneren Gebeten geweiht; allein dennoch behielt sie ihr liebreiches Wesen bis
zum letzten Atemzuge. Denn als sie mich am vorletzten
Tag ihres Lebens empfindlich und von einer eben ausge-
standenen Krankheit elend sah, drückte sie mir die Hand
und lispelte: „Nur Mut, es wird besser mit Ihnen."

So kann er nach ihrem Tod nur mit Bedauern sagen:
„Ich selbst habe eine teilnehmende Freundin an ihr verloren, die mir oft meine schwere Bürde, die eine natürliche Melancholie noch vergrößert, durch liebreiches Zureden und Gebet fühlbar erleichterte."

Freundschaft mit dem Dichter
Clemens Brentano

„Das Elend, soll ich einsam bauen!
O Jesus! höre mein Geschrei,
Brich meiner Seele tiefes Grauen!
O Jesus! führ den Kelch vorbei.
Mach' von der Hölle gift'gen Klauen,

O Jesus! meine Seele frei,
ein armes kindliches Vertrauen,
O Jesus! meinem Geist verleih,
Hilf mir mein Elend einsam bauen!"

Mit diesen Versen schreit der 40-jährige Clemens Brentano seine innere Not, seine Einsamkeit, seine Verlorenheit, seine grauenvolle Angst vor Kräften der Vernichtung Gott entgegen. Das ist kein Sprachspiel eines sprachmächtigen Dichters, sondern es entspringt der nackten Verzweiflung. Viele Gedichte, aber auch viele Briefe aus dieser Zeit, die in jedem Fall Zeugnisse der eigenen Situation sind, haben diesen Ton: „Mein ganzes Leben habe ich verloren, teils in Irrtum, teils in Sünde, teils in falschen Bestrebungen. Der Blick auf mich selbst vernichtet mich", schreibt Brentano 1815 an Wilhelm Grimm. „Manchmal sitze ich mit Tränen auf dem Schutte meiner Torheit und weine das verlorene Leben, ich habe keinen Grund unter dem Boden in nichts, und muss ihn im Leben und in Jesus zugleich suchen."

Einsam? Brentano lebt zu der Zeit in Berlin. Er ist gesund, sieht gewinnend aus. Er entstammt einer großen angesehenen, reichen Kaufmannsfamilie, hat viele Geschwister und Verwandte. Viele von denen, die damals Rang und Namen haben, zählen zu seinen näheren Bekannten: Goethe, Wieland, Tieck, Novalis, Eichendorf, die Gebrüder Grimm, fast alle bekannten Schriftsteller, aber auch Maler, Architekten, Juristen, Philosophen und Theologen. Einige davon sind so gute Freunde, dass er auf seinen vielen Reisen auch für längere Zeit Unterkunft bei ihnen findet. Er ist so vermögend, dass er ohne einen Beruf standesgemäß leben, dass er von einer Stadt zur anderen reisen kann.

In Berlin verkehrt er in den Abendgesellschaften, den literarischen Salons. Dort ist er ein gern gesehener Gast, denn mit seinem Temperament, seinem sprühenden Geist, seiner schier unerschöpflichen Fantasie, mit seinem Witz, mit der Bildhaftigkeit seiner Sprache konnte er ganze Gesellschaften unterhalten: witzig und lustig mit Possenspielen, aber auch ernst mit ergreifenden Geschichten und Gedichten. Zur Gitarre trug er deutsche und spanische Volkslieder vor, las aus Manuskripten seiner neuesten Werke. Er hatte Charme. Die Frauen mochten ihn. Er war auch als Dichter erfolgreich. Und dann diese Not?

Wie glücklich könnte er sein gegenüber der bedauernswerten Emmerick, die nach unseren Vorstellungen eigentlich immer auf der Schattenseite des Lebens stand! Dennoch ist er ein unglücklicher, in sich zerrissener Mensch. Nie verwunden hat er den frühen Verlust seiner sensiblen Mutter, die er so innig geliebt hat. Schon mit 6 Jahren kam er gemeinsam mit der Schwester Sophie zu seiner kinderlosen Tante, Luise Möhn, da die zarte Mutter mit der großen Familie überfordert war. Diese hatte mit 18 Jahren den Witwer Brentano geheiratet und aus dessen erster Ehe sechs Kinder übernommen. Sie gebar selbst in 19 Jahren 12 Kinder, verstarb kurz nach der Geburt des letzten Kindes. Ein Frauenschicksal selbst in einer Millionärsfamilie der damaligen Zeit!

Brentano selbst sagt, dass er „in strenger unmütterlicher Zucht" aufgewachsen sei. „Es ist der frühe Verlust seiner Mutter, der eine sein ganzes Leben bestimmende Sehnsucht nach Geborgenheit, nach einer Halt gebenden Liebe auslöst", so H. Schultz in seiner Brentano-Biografie.

Ihm fehlte aber auch schon von früh auf die ordnende Hand. Mit seinen sprudelnden Einfällen, seinem scharfsinnigen Witz wirbelte er schon als Heranwachsender die Ordnung in dem bürgerlichen Haushalt durcheinander, stellte die formalen Prinzipien einer ordentlichen Geschäftsführung in Frage. So wurde er und seine jüngere Schwester Bettine, so Schultz, „die schwarzen Schafe der

Clemens Brentano (1778–1842), einer der bekanntesten romantischen Dichter, verbringt fast sechs Jahre am Krankenbett der
Emmerick, schreibt ihre Visionen auf und veröffentlicht sie.

Familie. Immer wieder drohen Skandale durch unkonventionelles Verhalten der beiden außergewöhnlich begabten, aber sehr eigenwilligen Geschwister."

So liebenswürdig, gewinnend, charmant er sein konnte, genauso verletzend, rücksichtslos konnte er sein. Unstet war er auch in seinen Tätigkeiten: Er begann zwar die Ausbildung im väterlichen Kontor, aber der penible Umgang mit Zahlen war natürlich kein Beruf für den genialen und fantasievollen jungen Mann. An verschiedenen Universitäten belegte er die unterschiedlichsten Studiengänge. Doch hier schon zeichnete sich ab, was sein Leben fortan bestimmte: eine ungeheure Unruhe, die Unrast, mit der er immer neuen genialischen Einfällen folgte, die Heimatlosigkeit, die ihn von einem Ort zum anderen trieb, gleichzeitig auch die Unstetigkeit in seinen Freundschaften und Beziehungen. Er konnte Freunde, Frauen mit seinem Charme für sich gewinnen, sie durch hingebende Liebe an sich binden, überforderte sie aber immer wieder durch seine besitzergreifende Art. Dabei konnte er rücksichtslos und tief verletzend werden, beendete Freundschaften und Liebschaften genauso schnell, wie er sie begonnen hatte. Doch schon nach kurzer Zeit konnte ihn die Reue packen und zur Rückkehr bewegen.

Der damals noch recht junge Beruf als freier Schriftsteller gab seinem unbändigen Drang nach Freiheit, seiner schöpferischen Fantasie den richtigen Spielraum zur Entfaltung, denn er verfügte über eine sprachliche Sensibilität und Ausdruckskraft wie nur wenige deutsche Dichter. Doch gleichzeitig war diese Ungebundenheit für ihn höchste Gefährdung. Denn seine unerschöpfliche Fantasie ließ sich schwer begrenzen. Brentano erkennt zwar seine Gefährdung durch die Planlosigkeit seines Arbeitens, doch er weiß: „Die Planmäßigkeit aber ist mir selbst leider sehr gegen die Natur, da meine Natur sehr unordentlich ist."

Die vielen Reisen, die vielen Kontakte, Freundschaften, Beziehungen zu Frauen sind so eine unablässige Suche nach Liebe, Geborgenheit, nach Halt, nach Ordnung. Die Frauen, in die er sich verliebt, sollen ihm Geliebte von starkem erotischem, sinnlichen Reiz, gleichzeitig intellektuelle Partnerin in der Literatur, sie sollten aber auch voller romantischer Gefühle und von Geborgenheit bietender Mütterlichkeit sein. Diesem Anspruch war natürlich keine seiner Partnerinnen gewachsen. So ist er ständig auf der Suche nach neuen Partnerinnen. Auch in seinen beiden Ehen wechseln Momente rauschhaften Glücks mit tiefer Enttäuschung, wechseln unendliche Sehnsucht, innige Liebe, in den schönsten Gedichten und Liebesbriefen in deutscher Sprache besungen, mit radikaler Entzweiung.

Schon die Beziehung zu seiner späteren Ehefrau, Sophie Mereau, zeigt die Problematik seiner Partnerschaften. Er verliebt sich als 19-Jähriger in die 8 Jahre ältere Frau seines Professors. In der dreijährigen Bekanntschaft kommt es immer wieder zu Trennungen; dazwischen hat Brentano einige andere Liebesverhältnisse, macht sogar zwei Frauen einen Heiratsantrag. Sophie Mereau, inzwischen geschieden, ist erst zu einer Ehe bereit, als sie ein Kind von Brentano erwartet. Dramatisch wie ihre Brautzeit bleibt auch die kurze Ehe. Es kommt immer wieder zu Konflikten, Trennungen. Schweres Leid trifft die beiden in dem frühen Tod zweier Kinder, die beide sechs Wochen nach der Geburt sterben. Schließlich steht die endgültige Trennung bevor. Vor der Geburt des dritten Kindes beginnt sich das Verhältnis zu stabilisieren. In einem Hochgefühl von Glück erwarten die beiden das gemeinsame Kind. Bei der Geburt des tot geborenen Kindes stirbt die junge Frau. Brentano fällt in tiefe Verzweiflung.

Die zweite Ehe des inzwischen 29-Jährigen mit der 17-jährigen Auguste Bußmann, die er bei Nacht von zu Haus entführt hat, ist nicht nur in ihrem Zustandekommen, sondern im ganzen Verlauf ein öffentlicher Skandal. Immer wieder müssen Freunde, Verwandte eingreifen: Zuneigung, Zärtlichkeit, Sinnlichkeit konnten sich unmittelbar in Hass verkehren. Innige Liebe und quälende Eifersucht wechselten in schneller Folge. Der Ehekrieg endet nach vielen, auch gewalttätigen Auseinandersetzungen, nach vorgetäuschten Selbstmordversuchen von Auguste mit einem echten Selbstmordversuch, bei dem Notärzte und Polizei, also die Öffentlichkeit eingeschaltet werden, und mit der Flucht Brentanos.

Seine Suche nach Liebe, aber auch nach Befriedigung seiner Sinnlichkeit wurde nun völlig ziellos. Voller Erschrecken stellt sein Schwager Achim von Arnim fest, dass Brentano immer wieder auf dem Weg in Berliner Bordelle ist. Brentano selbst nimmt mit Entsetzen wahr, wie ihn „seine dämonische Sinnlichkeit" fast zur Auflösung seiner Persönlichkeit treibt, ihn immer mehr erniedrigt und ihn eventuell auch von seinen Freunden und Verwandten trennt. In den schweren Enttäuschungen und Erniedrigungen gewinnt Brentano die bittere Erfahrung, dass romantische, allein vom Gefühl bestimmte Liebe, das letzte Lebensglück nicht begründen kann.

Er hatte sich schon lange, zwar nicht offiziell, doch innerlich von der Religion losgesagt. Wie vielen jungen Menschen, vor allem gerade den Gebildeten, seiner Zeit erscheint ihm die Religion in toten Formen erstarrt. In einem Brief an Ringseis wiederholt er bis zum Überdruss, „dass die ‚Formen des katholischen Cultus, die ‚katholischen Formen', ‚die jetzige katholische Kirche in ihrer Formalität', die ‚Abgeschmacktheit der Form', ‚tausend formelle Dinge' ihn stören, abhalten und zurückstoßen, so dass ihm ‚alles teilweise leer, tot und grau, teilweise wie politische Organisation, teilweise wie eine grässliche, scheußliche Magie' vorkommt." (zitiert nach J. Adam) Mit vielen der damaligen Dichter und Philosophen hatte er gehofft, durch Poesie und erotische Liebe eine neue Welt, lebendiges Glück, erfülltes Leben zu schaffen. Diese Illusion war nach all den schmerzhaften Erlebnissen gründlich zerstört.

Im Inneren ist ihm aber das Gespür geblieben, dass es ein anderes Leben geben muss: mit wahrer Liebe, unvergänglicher Schönheit und Reinheit. „Da die Zeit mir den Glauben genommen hatte, so konnte sie mir doch das Bedürfnis dazu nie nehmen." In einem Brief an eine Freundin spricht er die Sehnsucht danach aus: „Jeder Busen hat eine heftige Sehnsucht, keiner weiß recht wonach, aber alle haben sie nach dem Licht, selbst die, welche sich nach dem Tode sehnen!" Da alle seine Versuche, für seine Sehnsucht einen Halt zu finden, gescheitert waren, begann er zu erwägen, in Gott und seiner geoffenbarten Religion Zuflucht zu suchen.

Auf seinem Weg zurück in die Kirche findet er unter seinen Freunden ausgezeichnete Ratgeber: den damals sehr modernen Theologen, Johann Michael Sailer, den späteren Bischof von Regensburg, den bekannten katholischen Publizisten Joseph Görres. Mit auf seinem Weg zurück in die Kirche ist schon etwas vor ihm sein jüngerer Bruder Christian, der Arzt, der kurz vor ihm seine Generalbeichte ablegte. Christians Weg zurück in die Kirche hatte ihn zu der „Dülmener Nonne" geführt, er verbrachte einige Monate in Dülmen bei der Emmerick, „deren wunderbare Gaben sein ganzes Interesse in Anspruch nahmen." Weil er das Erlebnis der Emmerick für seinen Weg in die Kirche für so bedeutend hielt, wollte er dem Bruder Clemens die gleiche Erfahrung vermitteln und drängte ihn deshalb, Anna Katharina in Dülmen zu besuchen.

Trotz aller Sehnsucht, trotz der guten Freunde war der Weg von Clemens Brentano zurück in die Kirche mühevoll. Sein Charakter, sein bisheriger Lebensweg waren ja nicht leicht mit kirchlichen Vorstellungen und Lehren zu vereinbaren. Er spürt, dass er allein den Weg nicht bewältigen kann: „Ich fühle durch und durch, dass mir religiös nicht zu helfen ist, als durch das Anschließen an einen Menschen, dem ich unbedingt traue und den ich innigst liebe."

Deshalb ist es ein Glücksfall für ihn, dass er in seiner neuen Freundin Luise Hensel eine Begleiterin auf dem Weg in die Kirche findet. Luise Hensel, eine Pfarrerstochter, lebte wie Brentano in Berlin. Sie befand sich in einem Prozess religiöser Orientierung und hatte sich dabei der katholischen Kirche angenähert. Der so verzweifelt nach Liebe suchende Brentano, inzwischen 38 Jahre alt, verliebte sich leidenschaftlich in die gerade 18-Jährige. Sie fühlte sich zwar geschmeichelt von dem Werben des bekannten Dichters, aber sie war völlig überfordert, suchte doch Brentano bei ihr, was er weder in seinen zahlreichen Frauenbekanntschaften, noch in seinen beiden Ehen gefunden hatte. Hinzu kam dieses Mal, dass sich bei Brentano erotische Liebe und religiöse Sehnsucht vermengten.

Die Entfaltung der Liebe zu Luise Hensel und der gleichzeitige gemeinsame Weg in die Kirche war für Brentano zunächst eine enorme Hilfe, sich wieder einzufügen in den gelebten Glauben. Doch als Luise ihm zu verstehen gibt, „dass sie nur rein schwesterlich für ihn empfinden könne, überhaupt nie einem Manne ihre Hand geben werde", bricht für ihn erneut eine Welt zusammen. Seine zahlreichen Enttäuschungen in der Liebe, fasst er in einem Brief an Luise zusammen unter dem Wort: „Vergeblich! Kennst du dies schreckliche Wort? Es ist die Überschrift meines ganzen Lebens."

Es beginnt für ihn ein langer Prozess, in dem er lernen muss, dass Liebe nicht immer gleichzeitig Begehren sein muss, dass die erotische Liebe, die vielleicht immer auch damit verbunden ist, dass man sich des anderen bemächtigt, nicht die einzige Form der Liebe ist, dass Liebe auch etwas mit Verzicht, mit Hingabe zu tun hat. Die erste Stufe in diesem Prozess ist wohl, dass er die von Luise gewünschte Distanz akzeptiert, um sie wenigstens nicht als Freundin zu verlieren. Er wird sich auch bewusst, dass er, gerade auch in seinem Umgang mit Frauen, erhebliche Schuld auf sich geladen hat, und er sieht in dem Sakrament der Buße die Möglichkeit, sich von der Schuld zu lösen. Auch auf Drängen Luisens entschließt er sich, in einer Generalbeichte in die Kirche zurückzukehren und versichert einem Freund, „es sei ein ungeheurer Sündenhaufen gewesen", den er im Beichtstuhl abgeladen habe.

Allerdings fällt es ihm, der immer die Nähe gesucht hat, der offensichtlich die Nähe braucht, schwer, die von Luise gewünschte und seinerseits versuchte Distanz herzustellen bzw. einzuhalten. Deshalb ist er immer wieder in der Gefahr, den gerade gefundenen Halt in der religiösen Orientierung zu verlieren, da erotische Liebe und religiöse Sehnsucht so eng vermischt sind und deshalb jede Krise in der erotischen Beziehung gleichzeitig die religiöse Bindung gefährdet. Und so fällt er trotz der neu gefundenen religiösen Bindung auch immer wieder in die Verzweiflung. Das anfangs zitierte Gedicht in der Form eines Gebetes ist genau Ausdruck dieser Situation.

Der Theologe Sailer, sein Bruder Christian sind überzeugt, dass die Begegnung mit Anna Katharina Emmerick Clemens Brentano auf dieser Station seines Weges zurück in die Kirche hilfreich sein kann. Ausschlaggebend für Brentanos Aufbruch nach Dülmen aber wird der dringende Wunsch seiner Freundin Luise Hensel. „Auch ich erkannte die Notwendigkeit um seines Heiles willen, dass seine übertriebene Liebe zu mir durch Entfernung gemäßigt werde", begründet sie ihr Drängen.

Von der Begegnung mit Anna Katharina Emmerick muss Brentano sich viel versprochen haben. Denn die Reise nach Dülmen war damals keine Kleinigkeit, zehn Tage war er mit der Kutsche unterwegs. Er ließ den großen Kreis seiner Freunde und Bekannten, seine umfangreich Bibliothek, die er für seine Arbeiten brauchte, seine kostbare Bildersammlung, d.h. die Wohn- und Lebensatmosphäre der großbürgerlichen Welt, den mit kostbaren Möbeln, mit Instrumenten, Gemälden, Teppichen ausgestatteten Salon, zurück. Er, der bisher immer die Abwechslung und die Anregung in einer Universitätsstadt gebraucht hatte, musste damit rechnen, dass er in dem unbekannten Städtchen Dülmen nichts davon zu erwarten hatte.

In seiner Beschreibung der ersten Begegnung mit der Emmerick in seinem Tagebuch wird auch etwas von der Dürftigkeit der Lebensverhältnisse deutlich, in die der an großbürgerliche Kultur gewohnte Brentano eintritt. „Durch eine Scheune und alte Kellerräume eine steinerne Wendeltreppe hinauf ... durch die kleine Küche traten wir in die Eckstube, wo sie liegt." Aber all das wird überdeckt durch den tiefen Eindruck, den die im Bett liegende Kranke auf ihn macht.

„Sie streckte mir ihre stigmatisierten Hände freudig entgegen, und sagte freudig, nun sieh, man kann doch den Bruder (Christian Brentano) nicht in ihm verkennen. Ich war durch ihre wunden Hände auch gar auf keine Weise erschüttert, es freute mich, dass sie ein so heiliges, edles Zeichen an sich trug, und mit ungemeiner innerer Freude bewegte mich ihr reines unschuldiges Antlitz, ihre lebhaften braunen Augen, ihr freundlicher reiner Mund, ihre freudig geröteten Wangen, die unschuldige frohe Raschheit ihrer Rede, ich war gleich zu Haus, ich verstand und empfand alles um mich her, ich war ruhig, ... Ich fand in diesem Angesicht und ganzen Wesen keine Spur von Spannung, und Exaltation, eine reine Fröhlichkeit, ja oft Lustigkeit und unschuldigen Mutwill. Ihre Worte sind keine breite Moral, keine schwere Predigt der Entsagung, ebenso wenig eine widrige Süßigkeit und Liebelei. Sie spricht von Jesus wie von dem liebsten erprobtesten Freund, dem man alles abschwätzen und ablieben kann, wenn man sich ihm nur recht getrost und von Herzen naht. Alles, was sie sagt, ist schnell, kurz, einfach, einfältig, ganz schlicht, ohne breite Selbstgefälligkeit, aber voll Tiefe, voll Liebe, voll Leben und doch ganz ländlich, wie eine kluge, feine, frische, keusche, geprüfte recht gesunde Seele", so schreibt er Luise Hensel.

Fast in jedem Satz betont Brentano die Freude, mit der Anna Katharina ihn empfängt. „Freundlichkeit", „Fröhlichkeit", „oft Lustigkeit", das schlägt ihm von dem Bett der Kranken entgegen, als ob ein lang erwarteter Freund kommt. Er spürt darin offensichtlich die Bereitschaft, ihn anzunehmen, gleichzeitig erfährt er in dieser Freude ihre innere Freiheit von ihrem Leid. Neben der Freude, mit der sie ihn aufnimmt, empfindet er besonders ihre Unschuld, ihre Reinheit. So spürt er wohl hier Liebe ohne Begehren, eine Liebe, die auch in ihm, dem so sinnlich Verstrickten, keine Begierde weckt. Schon bei der ersten Begegnung erfasst den bisher so Ruhelosen, Getriebenen, Heimatlosen („Ich der ich Heimat nie gekannt.") das Gefühl: „Ich war gleich zu Haus." „Ich war ruhig." Unter diesem ersten Eindruck wird aus dem als Besuch geplanten Aufenthalt in Dülmen eine mehrjährige Anwesenheit, die erst mit dem Tod von Anna Katharina endet.

Was sich hier ereignet, ist letztlich nicht zu begreifen. Treffend hat es Adam beschrieben: „Aber diesmal ist die Frau, die ihn, den knapp vierzigjährigen geistig wie körperlich noch immer bezaubernden Dichter in ihren Bann zieht, eine vierundvierzigjährige, kranke und wesenlose Nonne. Die Tatsache, dass gerade diese Frau den bisher nirgends zur Ruhe gekommenen Wanderer mehr als fünf Jahre lang, bis zu ihrem Tod, an ihr einsames und mühseliges Krankenlager zu binden vermochte, ihn, der schon bei so manchen Frauen vergeblich eine dauernde Bindung gesucht und nebenbei eine entschiedene Vorliebe für ‚schöne Sünderinnen' bezeigt hatte, diese Tatsache ist eine der erstaunlichsten Episoden der abenteuerlich bewegten romantischen Lebensläufe", so urteilt Pater Adam, der beste Kenner der Beziehung Brentanos zur Emmerick.

Auch in dieser Begegnung Brentanos mit der Emmerick wiederholt sich das, was schon bei Weseners und Luise Hensels Begegnungen mit Anna Katharina Emmerick aufgefallen ist und was viele andere Begegnungen, die uns beschrieben sind, kennzeichnet: die schrankenlose Vertrautheit schon am Beginn der Begegnung. „Sie war in sechs Minuten vertraut mit mir, als kenne sie mich von Jugend auf, und hat mir viel Liebes und Natürliches gesagt."

Und der erwachsene, erfolgreiche Mann, der in den geliebten Frauen immer auch die so früh entbehrte Mutter gesucht hatte, findet hier bei dieser einfachen Frau die Geborgenheit, die er so verzweifelt gesucht hat. Es ist fast unvorstellbar, wenn er sagt. „Ich bin ihr Kind geworden." Und wie eine liebende Mutter Verständnis aufbringt für ihr Kind, so nimmt sie ihn an. Pater Adam fasst zusammen: „Von ihr fühlt er sich denn auch verstanden gerade in dem, was ihn wie ein dunkler Fluch verfolgt und wofür er bis jetzt vergeblich Verständnis gesucht hat, in seinem Leid, in seiner unergründlichen Trauer und Schwermut: ‚Ich habe Mitleid vor ihren Augen gefunden ... sie sieht mein Leid auf den Grund.' Sie spricht ihm von seinem unersättlichen, aber immer unerfüllt gebliebenen Suchen nach Liebe und Treue, ‚er habe sich bisher oft mit ganzer Seele an falsche Interessen und auch Menschen gehängt und sei innerlich immer einsam und elend geblieben' : ‚Ach du hast bis jetzt zu viel geliebt und kein Mensch hat dir deine Liebe vergolten, du warst mit deiner Liebe elendig, du hast ein ganz elendes Leben geführt.' Sie hält ihm seine Fehler und Untugenden vor, seinen Eifer, seine Lei-

Rechts:
Zeichnung aus Brentanos Tagebuch: Anna Katharina im Krankenbett, eventuell mit Selbstbildnis Brentanos.

Unten:
Zeichnungen des Kopfes der Emmerick mit den Kopfbinden, aus dem Tagebuch Brentanos.

denschaftlichkeit, sein Übereilen, seine Ungeduld, sein Verschwenden, sie erkennt wie sonst kein Mensch die schwere Verschuldung seiner Seele, aber sie sieht auch seine Reue, seinen guten Willen, sein treues Herz und verspricht ihm ihrerseits die Treue: ‚Ich will ihm Treue halten, denn niemand ist ihm treu gewesen, ich will es ihm sein vor alle'.“

Was aber ist es, worin er ihre Mütterlichkeit, ihre Treue erfährt? Wie kann sie, die mittellose, wenig gebildete, schwer kranke Frau, die nie über den Umkreis von Coesfeld und Dülmen hinaus gekommen ist, diesem so hoch gebildeten, welterfahrenen Mann Hilfe sein?

Brentano muss es intuitiv erfasst haben, und wenn wir uns diese Szene der ersten Begegnung richtig vergegenwärtigen, ist es auch für uns greifbar: Welche Sicherheit muss diese Frau besessen haben! Wir, die wir heute viel selbstbewusster aufwachsen als Anna Katharina Emmerick, wären doch zumindest sehr aufgeregt, wenn uns ein in ganz Deutschland bekannter Dichter, der in den Kreisen der oberen Zehntausend zu Hause ist, besuchen käme. Wenn wir ihm dann noch in einer so ärmlichen Situation (man muss sich dazu einmal das ärmliche Kämmerchen der Emmerick, wie es heute noch in der Anna-Katharina-Emmerick-Gedächtnisstätte gezeigt wird, ansehen) dazu noch hilflos krank im Bett liegend begegnen müssten, würde uns das wahrscheinlich sehr peinlich sein, weil wir uns so unterlegen fühlten. Hier aber begegnen sich zwei auf gleicher Augenhöhe.

Brentano meint sogar, sie habe etwas, was er bisher in den vielen Begegnungen mit den so gebildeten, so wohlhabenden, so weltgewandten Menschen, so reizvollen und schönen Frauen, nicht hat finden können. Was findet er denn?

Er kann ihr alles sagen: die durch die gescheiterte Liebe hervorgerufene Not, seine Verlassenheit, seine schweren Verfehlungen. Sie hört ihm zu, sie erteilt ihm keine Ratschläge, aber sie betet für ihn. „Ich bete für dich." „Glaube ich will immer für dich bitten – Ich bin dein Bote zu Gott." Sie versichert ihm, dass sie täglich für ihn betet und Brentano erfährt. „Sie war in der Nacht viel im Traum mit mir beschäftigt." Schließlich beten sie gemeinsam, so hat Brentano es in seinen Aufzeichnungen festgehalten.

Er erlebt eine Frau, die ganz für ihn da zu sein scheint, die Zeit hat für ihn, die nichts von ihm will, die ihn nicht in die ihn so leicht elektrisierenden, aber auch so verhängnisvollen erotischen, sinnlichen Spannungen versetzt. Dennoch fühlt er so tiefe Gemeinsamkeit mit ihr, dass er mit ihr gemeinsam zu beten beginnt. In dem Beten verweist sie ihn auf Christus. „Glaube, komm zu Jesus! ... Ich helfe dir nicht, der dort hilft dir. ... Sei froh, sei ruhig – dir wird gewiss geholfen – der dort, der hilft dir." Sie bindet ihn also nicht an sich, vor allem aber bringt sie sich nicht in eine Position der Überlegenheit: was sie ihm voraus hat, kommt nicht von ihr, sondern von Gott.

„Ich bin ihr Kind geworden." Was er seit dem frühen Verlust der Mutter gesucht hat, findet er hier. Denn hier geschieht etwas, was das Kind von seiner Mutter erfährt: Wenn das kleine Kind aufwacht, hilflos allein ist, in Angst gerät, wenn es Hunger oder Durst hat, nicht weiß, dass und ob ihm Nahrung zukommt, dann gerät es in Angst vor dem Nichts, vor der Ver-Nichtung. Dann gibt ihm die Mutter Schutz, Geborgenheit, Nahrung, und es erfährt, das geschieht immer wieder, regelmäßig. Daraus gewinnt das Kind Sicherheit: Du wirst leben, nicht untergehen! Die Mutter vermittelt ihm, was sie selbst einmal von ihrer Mutter bekommen hat: Vertrauen in das Leben. Genau das fehlte Brentano, das hat er immer gesucht. Er gewinnt es hier am Bett der Emmerick.

Gleichzeitig aber ist die Emmerick ihm ein Kind, ganz oft nennt er sie so. Sie ist wie ein Kind: so offen, rückhaltlos vertrauend, ohne Arglist, ohne Täuschung. Er sagt selbst: „Sie bewies ihm mit rührender Arglosigkeit ein so kindliches Vertrauen, als er es nie von irgendeinem Menschen genossen."

Bei seinen täglichen Aufenthalten bei ihr sieht er, wie sie gleichzeitig andere tröstet, wie sie ständig zu Hilfe bereit ist. So wird er schon bei seinem ersten Besuch einbezogen in ihr Helfen und Trösten. Er hat ihr die Lieder von Luise Hensel mitgebracht und ihr vorgelesen, sie hat selbst darin viel Trost in ihrer Situation gefunden. Deshalb drängt sie ihn sofort, „einem armen Bauernmädchen die Lieder vorzulesen, die über allerlei Leiden Trost bei ihr suchte." Es ist schon gesagt worden, dass Brentano zwar der Meinung ist, die Visionen der Anna Katharina seien wichtiger als ihre Hilfe für andere, aber er hat dieses Helfen nicht nur ständig wahrgenommen, sondern auch unterstützt.

Und so wird ihm im Zusammensein mit der Emmerick vorgeführt, was sie ihm mehrfach in großartigen Visionen mitteilt: Die Kirche als eine lebendige Gemeinschaft, als der Leib Christi.

„Ich habe immer gefühlt, als wäre alles ein Leib, wie ein Glied meines Fingers schmerzte mich jedes Menschen Weh." Die Kirche steht in einem ganz engen Zusammenhang mit Gott und den Heiligen, wie sie es in einer Vision von einem Baum sieht: „Ich sah über dem leuchtenden Baum voll Heiligen einen Himmel wie einen Thron, die heilige Dreifaltigkeit, sie war aber verhüllt für mich, um sie her aber sah ich allerlei Formen, leuchtend, farblos, doch in Gewändern, sich bewegend. Alles liebte, lebte, wirkte. Sie sahen alle freudig hernieder, und es war, als wollten sie alles heraufziehen in ihre Seligkeit. Mein Führer trat oft aus dieser himmlischen Menge plötzlich hervor und wies mich an, dieses und jenes zu tun und zu bitten. Es war als gehörte ich dazu, wie ein Bettler in eine barmherzige Stadt. Einer leuchtete mehr oder anders als der andere, ich war wie mitten in dem großen Baum, und sah ober und unter mir und rings in der ganzen Tiefe des Baumgewölbes die Heiligen einzeln, paarweis, oder in Scharen, wie Früchte des Heiles. Ich ging umher von einem zum andern betteln, ich erhielt Trost, Hilfe, Stärkung und Nachweisung für mich und andere." „Da fühle ich deutlicher, lebendiger als den Tag, dass wir alle in der Gemeinschaft der Heiligen leben und in beständigem Verkehr mit ihnen sind."

Sehr schön wird der eine Leib der Kirche beschrieben in der Vision zum heiligen Bonifatius: „Ich hörte auch, dass er (Bonifatius) sprach, wie der Herr die Seinigen sich erwähle und ihnen frühe schon seine Gnaden und seinen heiligen Geist gebe; dass aber die Menschen mitwirken müssten, die Gnaden lebendig zu erhalten und zu gebrauchen; denn sie seien jedem gegeben, auf dass er ein Werkzeug in der Gemeinde Gottes werde. Es werde jedem ihrer Glieder die Kraft und Fähigkeit gegeben, nicht allein für sich, sondern auch für den ganzen Leib zu handeln. Der Herr aber gebe schon den Kindern ihren Beruf, und wer zur Belebung der Gnade nicht mitwirke und sie nicht übe, oder auch in anderen nicht belebe, der beraube den Leib einer Hilfe, welche er ihm zu leisten habe, und werde dadurch ein Dieb an der Gemeinschaft. Es solle daher jeder sehen, wen er in dem anderen zu lieben und zu fördern habe, nämlich ein Glied des einen Leibes."

So erkennt Clemens Brentano: „Das größte Element ihrer Heiligung war unter anderem dieses lebendige Gefühl des allgemeinen Zusammenhanges des christlichen Kirchenleibs, das Büßen und Sühnen und Beten für einander, und die heftige Betrübnis über das Elend der Welt, der Sünder, Kranken und Gefangenen, und über die ungeheure Vernachlässigung und Verschleuderung der Gnaden der Kirche."

Im Messopfer, im Empfang der Eucharistie wird durch Christus diese Einheit des Leibes der Kirche immer neu

realisiert, werden die einzelnen Glieder in Christus mit
einander verbunden. Brentano liest ihr einen Brief vor,
den ein Freund an zwei Kommunionkinder geschrieben
hat, darin wird „die innige Vereinigung aller Christen
durch den Empfang des Leibes Christi zu einer liebenden
Gemeinde, zur Kirche" beschrieben. Bestätigt wird das
von ihr in einer Vision. „Der göttliche Heiland selber ist
es ja, der in dieser Ordnung mit uns lebet und in jeder Zeit
sich uns zum Opfer und zur Speise gibt, auf dass wir Eines
in ihm werden." Und Brentano kommt zu der Erkenntnis:
„Es ist etwas Hohes und ohne wahre Erleuchtung, Einfalt
und Reinheit Unmögliches, nach dem Glauben dieser heiligen Kirche zu leben, ihren Gottesdienst mitzufeiern und
dadurch Teil an dem unendlichen Schatz der Gnade und
der Genugtuung zu gewinnen, welchen die Kirche in den
Verdiensten ihres göttlichen Hauptes und kraft dieser in
dem Blute ihrer zahllosen Märtyrer und in den Gebeten
und guten Werken aller frommen Gläubigen zu unversieg-
baren Mitteilung an alle besitzt, welche mit ihr verbunden, ihre wahren Kinder sind."

Er, der so bitter unter dem Fluch der Einsamkeit gelitten hat, findet also in der Kirche eine auch ihn einbinden-
de Gemeinschaft; und er, der die Kirche in toten Formen
erstarrt gesehen hat, lernt durch Anna Katharina die Lebendigkeit der Kirche kennen, das Band der Liebe, das alle
in dieser Gemeinschaft mit einander verbindet. Im Gebet,
im Sakrament, in den Werken der Nächstenliebe wird diese lebendige Gemeinschaft den Menschen erfahrbar. Getragen wird die Gemeinschaft von der Gewissheit, dass
Christus und die Heiligen die Gefallenen, im Staub Liegenden, die Gefangenen, die Elenden in ihre Herrlichkeit
emporziehen.

Vor Jahren noch beim Abschluss seiner zweiten Ehe
hat Brentano rein formal die Sakramente empfangen, es
hat ihn zwar selbst beschämt, doch gesteht er sich, „dass

ich ohne Würde und Rührung drei Sakramente (Beichte, Kommunion, Ehe) empfing." Nun aber nach der Begegnung mit der Emmerick sind ihm die Sakramente die Möglichkeit, sich der Zugehörigkeit zur Kirche, zum Leib Christi zu versichern. So nimmt er nun auch bewusst teil an dem Leben dieser Gemeinschaft, nicht nur in dem gemeinsamen Gebet mit Anna Katharina, sondern auch in der regelmäßigen Teilnahme an der Messfeier. Schon in Dülmen nimmt er fast täglich an der Feier der Messe teil. Nach dem Tod der Emmerick schreibt er aus Koblenz: „Ich habe fromme Priester, erbaulichen Gottesdienst und das heilige Messopfer täglich." Und die Dülmener, die erhebliche Schwierigkeiten mit ihm hatten und nicht begreifen konnten, „wie der Fremdling so häufig Zutritt zu der Kranken hatte finden können", waren doch beeindruckt durch „seine Mildtätigkeit gegen Arme, seine Frömmigkeit und die seltene Einfachheit seiner Lebensweise."

Brentano war immer großzügig, doch die Emmerick lenkt seine Großzügigkeit in die Richtung der Mildtätigkeit. Als Brentano 1819 zwischendurch nach Berlin zurückkehrt, um unter anderem dort seine kostbaren Bilder und seine Bibliothek zu verkaufen, ermahnt Anna Katharina ihn: „Du sollst nicht dein Geld so wegwerfen, es ist zwar Dreck, aber man kann Brot mit kaufen, du sollst es aber nicht hinwerfen, wo Wohlleben oder schlechte Wirtschaft mit unterstützt wird. Brot gib dem Hunger, aber kein Geld dem Verschwender." In einem Brief an den Fürsten von Salm beschreibt Brentano, wie er den Verkauf seiner Sammlungen begründet: „So habe ich im festen Glauben auf eine göttliche Weisung, um die ich seit Jahren gebetet und welche ich auf die rührendste, glaubwürdigste Weise erhalten habe, mein ganzes bisheriges Leben mit reichen Sammlungen abgebrochen und war bereit, mit festem Vertrauen Gott und der Armut zu dienen mit allem, was ich hatte." Adam, der das sehr zwiespältige

Wesen Brentanos so gut beschrieben hat, stellt uneingeschränkt fest: „Nur in einem Bereich fühlte sich Brentano
im Stande, Objektives wirken und Dauerndes stiften zu
können: im Bereich des greifbaren Schenkens und materiellen Wohltuns. Seine angeborene Gutmütigkeit und
Gebefreudigkeit – ,ich habe nie etwas besessen, als was ich
gebe' – entwickelte sich immer mehr zu einer wahrhaft
rührenden Hilfsbereitschaft und ungemessenen Wohltätigkeit."

In der Freundschaft mit der Emmerick erst wird also
die Rückkehr in die Kirche zur Teilhabe an dem Leib Christi, an der in der Eucharistie ausgegossenen Gnade und
Liebe und er selbst wird zu einem an der gegenseitigen Liebe mitwirkenden Glied der Kirche. „Wenn du erst von dieser Liebe essen wirst, wird dich die andre Liebe nicht mehr
quälen, du wirst satt werden, die andre Liebe ist ganz
elend dagegen", hatte ihm die Emmerick vorausgesagt.
Mit ihrer menschlichen Nähe und ihrer geistlichen Hilfe
hat sie ihn auf den Weg gebracht, nicht nur mit der ent-
täuschten Liebe fertig zu werden, sondern auch seine ihn
so bedrängende, von ihm selbst als dämonisch empfundene Sinnlichkeit zu beherrschen. Das aber ist wohl nur
möglich, weil die hier entstehende Freundschaft nicht
einseitig ist. Denn wie er ihr zum Trost die Gebete und
Lieder Luise Hensels vorliest, so singt er ihr am Bett Mari-
enlieder, er nimmt teil an ihren Leiden, und sie sagt ihrerseits: „Sie habe nie mit einem lebendigen Menschen so
reden können, sie könne mir (Brentano) alles sagen, was
sie denke und sehe, es sei noch niemand so vertraut mit
ihr gewesen als ich."

So entwickelt sich hier eine Liebe mit großer Nähe, sie
nimmt ihn immer wieder bei der Hand, führt seine Hand
zu ihrem Herzen, umarmt ihn auch, aber dennoch ohne
die ihn sonst immer quälende Eifersucht und ohne die
ihn bedrohende Sinnlichkeit.

Dieses innige gegenseitige Vertrauen ist die Voraussetzung dafür, dass Anna Katharina Brentano an ihren Träu-
men, an ihren Ekstasen, an ihren Visionen teilhaben lässt.
„Du sollst auch alles sehen, was ich sehe", hat sie ihm versprochen. Das war ihm allerdings nicht möglich, er hat
nur gleichsam wie in einem Spiegel in ihren Mitteilungen
an dem Geschauten teilhaben können. Er glaubt, dass er
damit einen „Schatz von Gnaden" mitgeteilt bekommt, so
dass er seine Lebensaufgabe darin sieht, das aufzuzeich-
nen. Und er hält trotz vieler Widrigkeiten an dieser Aufgabe fest, „für die er es als nicht zu viel erachtet, ‚die kostbare Zeit seines sinkenden Lebens daran gewagt' zu haben." Fast fünf Jahre verbringt er so am Bett der Kranken,
schreibt 16 000 Seiten, die heute noch nicht vollständig
publiziert sind.

Die Jahre, die Brentano in Dülmen an den Aufzeichnungen gesessen hat, waren aus den dargestellten Gründen keine leichten Jahre. Die Darstellung der Freundschaft zwischen Emmerick und Brentano darf deshalb keinesfalls den
Eindruck erwecken, die Begegnung habe Brentanos Charak-
terstruktur völlig verändert. Er war auch in Dülmen kein
einfacher Mensch. Das erfuhr die engere Umgebung der
Emmerick: Abbé Lambert, Dr. Wesener, Pater Limberg, die
Schwester Drüke und auch Anna Katharina selbst. Als Brentano seine Aufgabe gefunden hatte, die Visionen der Emmerick aufzuschreiben, war er gleichsam besessen davon,
möglichst viel von ihr zu erfahren, zumal er fürchten musste, dass die Emmerick sterben könnte und damit die für ihn
so wichtige Quelle versiegt. Er empfand deshalb alles, was
ihn von seiner Aufgabe abhielt, als störend. Dabei wird wieder sichtbar, was schon immer sein Leben bestimmte: die
totale Hingabe, hier an seine neue Aufgabe, und gleichzeitig die Rücksichtslosigkeit, die gewaltsame Bemächtigung
anderer. „Sein Schöpfen vom Quell der Gnaden wird zum
unbeherrschten Ansichreißen", so Pater Adam.

Auch fiel es ihm schwer, sich auf Dauer mit den sehr einfachen, beschränkten, geradezu erbärmlichen Lebensverhältnissen abzufinden. Einen kleinen Einblick in die Verhältnisse gibt eine Tagebuchnotiz: „Es war die Hoffnung da, dass sie erzählen (die Visionen, die sie in der Nacht gehabt hat) würde, aber da hatte das Unglück den unseligen Mann herbei geschafft, der alle 14 Tage mit vielen Umständen und großem Zeitverlust die Ofenröhren ausputzt und zu dem Gestank der jungen Hühner, welche immer piepen und für Lambert gefüttert werden, und dem Moschus, welchen das Kind (so bezeichnet er hier die Emmerick) nimmt und den Wunden Lappen Lamberts noch Ruß und seine schwarze Essigfarbe stinken ließ, dazwischen schreien die Schweine des Hofs, und kommt noch Rauch und Fett an den Ofen aus der Küche, allerlei Geklatsch und der Keuchhusten."

Unter all diesen Umständen litt auch das Verhältnis zu Anna Katharina. Seine anfängliche Geborgenheit und Sicherheit wichen der Schwermut. Es schien sich zu bewahrheiten, was seine Freunde, die ihn aus langer persönlicher Erfahrung kannten, vorausgesagt hatten. „Er hat alles kennen gelernt und alles weggeworfen, wo soll die Liebe für etwas noch Wurzel schlagen?" so Wilhelm Grimm oder sein Schwager Achim von Arnim: „Als vorübergehende Beschäftigung ist es (der Aufenthalt in Dülmen) merkwürdig genug." Doch sie sollten sich täuschen, denn, wie schon gesagt, Brentano blieb bis zum Tod der Emmerick in Dülmen und danach bis zu seinem eigenen Tod an die Aufgabe gebunden, die er in Dülmen gefunden hatte.

So hat sich in der Zeit der Freundschaft mit der Emmerick und durch diese Freundschaft zwar nicht sein Charakter völlig verändert, aber sein Leben hat eine eindeutige Richtung bekommen, den Weg zu Gott. Sehr schön wird das erfasst in dem Begriff des Pilgers. Als solcher erscheint er durchgehend in den Visionen der Emmerick. Pater

Adam beschreibt das so: „Auf diesem Weg zu Gott, zur ewigen Heimat, ist Brentano von nun an der Pilger schlechthin. Er legt Wert darauf, dass ihm die Seherin diesen Namen gegeben und ihn in ihren Visionen immer als solchen gesehen habe." Und Brentano ist sich bewusst, dass dies kein gerader, immer einfacher Weg ist: „Sie sah diesen (Brentano) in ihren Betrachtungen immer unter der Gestalt eines Pilgers, der auf der Reise in die Heimat nach Maßgabe seines treuen Wandels oder seiner Nachlässigkeit, Segen, Schutz, Hilfe und Rettung oder Hindernisse, Anfechtungen, Irrwege, Gefahren, ja selbst Gefangenschaft erlebte."

Trotz all der quälenden Situationen, trotz der Konflikte, die die beiden ungleichen Partner haben, bleibt doch eine bis in den Tod reichende gegenseitige Freundschaft. Getragen wird diese Freundschaft von Anna Katharinas unbeschränktem Vertrauen, das sie ihm am Anfang ausspricht: „Wenn ich dein Herz nicht erkannt hätte, und die Liebe Jesus zu dir nicht kennte, wie würde ich dir so vertrauen." Und dieses Vertrauen reicht bis an den Tod. Er sitzt in den letzten Tagen an ihrem Bett, notiert nachher: „An dem Tag selbst leidet sie unaussprechlich, ihr Röcheln, Dursten, Ersticken, ihr schrecklich ernster veränderter Anblick sind schauderhaft. Sie ruft beständig Gott um Hilfe an, und ihr Leiden ist lauter als bisher." Es endet mit der rührenden Szene: „Mühsam zieht sie in allen Bewegungen unbestimmt des Pilgers Kopf an ihr Ohr: Ach hast du noch ein weiches Hemd, ach, mein Rücken ist so kaputt, ach mein Rücken ist so kaputt. Ich kann nicht liegen, sag es niemand, bring es selbst, ich habe ja keinen anderen Vater!"

Zur Sterbestunde selbst hatte man ihn nicht gerufen, da man fürchtete, dass er zu sehr weinen würde. Als er dann doch von selbst dazu kommt, gelangt er für kurze Zeit an ihr Bett. „Nach einer Weile zog sie die rechte Hand unter der Bettdecke hervor und legte sie auf dieselbe, der Pilger weinte und nahm sie in die seinige und dachte betrübt, da er die Hand schon kalt fühlte: ach, so ist denn gar kein Schluss, kein Abschied, und sie drückte mit dem Daumen und den zwei Zeigefingern seine Hand, da war er ruhiger."

Der Tod stürzt ihn wiederum in eine tiefe Krise. „Der Pilger fühlte sich plötzlich verlassen, und ohne alle Orientierung an diesem Ort." – „Mein Herz ist sehr zerschmettert. Ich Gescheiterter war gerettet an die einsame Höhle der wundervollsten, begnadigsten, ärmsten Seele; sie ist ausgeflogen und singt nicht mehr, und bannt den Sturm nicht mehr. Ich fasse ihr Kreuz und flehe, dass die Welle mich nicht verschlinge ... Ich ging auf der Spur eines Kindes durch das Getümmel der Welt und habe die Spur verloren." Das ist seine erste Reaktion. Und wieder beginnt das unruhige Leben mit dem häufigen Wechsel des Wohnortes.

Doch täuscht sich Brentano selbst. Er hat zwar die Nähe, die letzte Geborgenheit verloren, aber er bleibt auf der von der Emmerick gewiesenen Spur. Wir wissen, dass er in Koblenz täglich die Messe besuchte. Auch sollte all seine Arbeit ein Dienst am Reiche Gottes sein. Er gibt Anregungen in vielen Bereichen: im katholischen Pressewesen, in Schulfragen, Armenpflege und Kirchenmusik, dabei nutzt er den großen Kreis seiner Freunde, mit denen er einen ausgedehnten Briefwechsel unterhält. Er unterstützt Hilfswerke. Er findet seine Freunde nicht mehr in den literarischen Salons, sondern bei aktiven Christen, z.B. bei dem Fabrikanten Dietz in Koblenz, der wegen seines selbstlosen Einsatzes für die Armen dort der „Armenvater" genannt wird, oder bei den „mit allen Armen teilenden" Schlotthauers in München.

Er schreibt eine Geschichte der von Dietz in besonderer Weise geförderten „Barmherzigen Schwestern", öffnet mit diesem Buch dem aus Frankreich kommenden Orden in Deutschland neue Entfaltungsräume. Er ist publizistisch tätig für die Sache der Kirche. Zusammen mit Görres plant er ein großes katholisches Bücherverbreitungsprojekt, aus dem 1844 der Borromäusverein zur Förderung von Haus- und Volksbüchereien, die älteste Buchorganisation im deutschen Raum, entsteht. Als beim Moselhochwasser die Stadt Lay überflutet wird, schreibt er das Moseleisgang-Lied, um die Aufmerksamkeit auf die Not im Moselland zu lenken. Alle seine Honorare gehen mildtätigen Zwecken zu „für die verhungernde, verfrierende Armut". Das sind große Summen, denn allein „Das bittere Leiden" erbringt bis zur 6. Auflage ein Honorar von 15.000 Gulden (heute ca. 7 bis 8 Millionen Euro).

Vor allem aber arbeitet er unermüdlich an den Notizen, die er am Bett der Kranken gemacht hat: 16.000 eng beschriebene Folioseiten. Die Patres aus dem Kloster Gars mussten diese Handschriften zum Seligsprechungsprozess mehrfach nach Rom und zurück transportieren. Sie stöhnten über die zwei Zentner Papier. Fast täglich hatte Brentano die Visionen der Emmerick schriftlich festgehalten. Da die Visionen meditative Betrachtungen, Teil ihres Betens waren, hatten die Visionen der einzelnen Tage natürlich keinen fortlaufenden inneren Zusammenhang, denn sie waren ausgelöst oder angeregt durch Ereignisse des Tages, durch Erinnerungen, durch Namenstage von Heiligen, durch den Ablauf des Kirchenjahres, auch durch Texte, die Brentano ihr vorlas. Manchmal wollte er dadurch die Visionen in bestimmte Richtungen lenken, um für seine Aufzeichnungen einen Zusammenhang der Bilder herzustellen. Aus der Entstehung ergibt sich, dass die Notizen stichwortartig, die Visionen von Anna Katharina oft nur bruchstückhaft und stammelnd dargestellt waren. In einem langen und schwierigen Arbeitsprozess hat er diese Bruchstücke zu einer Gesamtschau komponiert, im „Bitte-

ren Leiden" z.B. zu einer geschlossenen Darstellung der
Passion Christi.

Er hat dabei den Bildern der Emmerick nicht nur eine
Struktur und seine ausdrucksreiche Sprache gegeben, sondern er hat die Visionen der Emmerick auch ergänzt aus
der Literatur der Mystik, die er in einer eigens dafür ange-
schafften Arbeitsbibliothek gesammelt hatte. Da er der
Meinung war, dass die Mystik eine eigenständige Form der
Offenbarung ist und Anna Katharina aus dieser Offenbarung schöpft, hatte er keine Bedenken zu einer solchen
eigenmächtigen Komposition unterschiedlicher Quellen.
Weil er nur mühsam in der Bewältigung des ungeheuren
Stoffes vorankam, befiel ihn „eine ungemeine Schwermut
und Müdigkeit". Er brauchte immer wieder Ermunterung,
die Arbeit fortzuführen. Es gelingt ihm, die Arbeit in den
Grundzügen vor seinem Tod (1842) abzuschließen; doch
nur das erste Buch erschien noch vor seinem Tod.

„Das bittere Leiden unseres Herrn Jesus Christus"
1833,
„Das Leben der heiligen Jungfrau Maria" 1842,
„Das Leben unseres Herrn und Heilandes Jesu Christi"
3 Bde 1858–1860.

Er spürte, dass er es auch deshalb so schwer hat, weil er
mit seiner Arbeit nicht dem Zeitgeist folgt. „Wer nicht mit
dem Strome der Welt geht, muss nicht auf ihrem Wege
stehen: das fühle ich täglich mit Schmerzen, ich muss
schier all mein Denken anwenden, mich durch die Füße
der Menschen durchzuwinden."

Er bleibt also der Pilger, auf einem beschwerlichen
Weg, doch unverkennbar ist: Die Begegnung mit der Em-
merick hat ihn tief geprägt, hat ihm das Ziel für seinen
Weg gewiesen, wenn es ihm auch immer wieder in der
Ferne zu verschwinden droht. Und so kann er noch zwan-
zig Jahre nach der ersten Begegnung mit Anna Katharina
Emmerick sagen: „Viele Nächte hab' ich geweint und Gott

gebeten, mir doch wieder etwas zu geben, nur etwas, woran ich mich halten könne. Dann kam die närrische Fügung, dass ich die Emmerich kennen lernte."

Und er hat immer gewusst: das Kreuz war ihr zentrales Erlebnis. Nicht umsonst hat er als Erste von den Visionen „Das bittere Leiden unseres Herrn Jesus Christus", fertig gestellt. (Der wesentliche Teil der Begegnung Anna Katharinas mit dem Kreuz in der vorliegenden Darstellung ist diesem Werk entnommen.) So sieht er sie auch in ihrem Tod als ein „unter unendlicher Qual und Arbeit niedergesunkenes Wesen, das in heiliger Liebe und Leidensarbeit für seinen Nächsten unter dem Kreuze tot niedergesunken ist." Da über dem Bett der Toten die Krücken, die sie ihr gemacht hatten, in Kreuzform aufragen, kommt es ihm vor: „Dies müde Haupt, unter den überragenden Krücken hingesunken, war ein Bild des Gekreuzigten in den Armen der Mutter, der Kirche."

In einem seiner letzten Briefe, kurz vor seinem Tod, sieht auch er sich am Ende seiner Pilgerschaft unter einem Kreuz:

„Indem ich auf der Höhe des Lebens angelangt, fühle ich dass der Abhang vor mir ist, sitze ich wie ein armer, müder und kranker Wandersmann unter einem Kreuze des Weges ... .Mir nicht ferne, auf einer kleinen Anhöhe von vielen Abgründen unterbrochen, liegt von der untergehenden Sonne beleuchtet das himmlische Jerusalem, die Stadt Gottes, unser aller Ziel; barmherziger Gott, wie soll ich es erreichen? ... Weh! bin ich denn auf dem rechten Weg gewandelt ... Ich irrte nach allen Seiten hin, wie in einem Labyrinth; nun aber da meine Sonne tief steht, und ich krank und müde mit schwerer Last auf dem Weg schwanke, tönt die Stimme des Erlösers vom Kreuze: ‚Kommet her zu mir alle, die ihr mühselig und beladen seid, ich will euch erquicken; nehmet auf euch mein Joch und lernet von mir, denn ich bin sanftmütig und von

Herzen demütig, so werdet ihr Ruhe finden für eure Seelen.' Da sank ich unter dem Kreuze am Wege nieder."

Ganz nah ist er hier der Emmerick. Denn in dem Lebensumriss der Anna Katharina Emmerick, den er als Einleitung zu „Das bittere Leiden unseres Herrn Jesu Christi" geschrieben hat, sieht er auch sie auf dem „Lebensweg den Berg hinauf nach einer schönen, leuchtenden Stadt, dem himmlischen Jerusalem." Vor allem aber das Bild des sich den Menschen zuneigenden Heilandes am Kreuz, die vom Kreuz her zugesagte Erlösung entspricht genau dem zentralen Erlebnis von Anna Katharinas Begegnung mit dem Gekreuzigten!

In einem Gedicht gibt der große Dichter Zeugnis von der Begegnung mit der Emmerick:

„Ich bin aus fremdem Land gekommen
Ein fremder, armer, kranker Mann,
Du hast mich liebvoll aufgenommen,
Wie Jesus es und Jesu Freundin kann.

Was du gehabt, hast du geteilet,
Dein Brot, jed' Wort aus Gottes Mund,
Du hast geliebet und geheilet,
Und hast geschlossen mir den neuen Bund.

Ich durft' dir all mein Heimweh klagen,
Und was mich in der Fremde hält,
Du halfst die Last mir hinzutragen
Zum Lamme, das da trägt die Schuld der Welt."

Individuelle Religiosität
in einer säkularisierten Welt

Die Freundschaft der Anna Katharina Emmerick mit Wesener und mit Brentano ist deshalb so ausführlich geschildert, weil sie die nächsten Zeugen ihres Lebens waren und ihre Begegnung mit der Emmerick ausführlich festgehalten haben. Vor allem aber können wir aus diesen Notizen heute noch, zumindest andeutungsweise, etwas von dem Geheimnis ihres Lebens und Wirkens erfahren: die mit normalen Kategorien unerklärliche Ausstrahlung.

Da ist diese arme, einsame, schwer kranke, körperlich hinfällige, oft dem Tode nahe Frau von geringer Bildung, bedeutungslos, nach unseren Vorstellungen des Erbarmens, des Trostes bedürftig, nach irdischen Vorstellungen ohne Hoffnung müsste sie eigentlich der Verzweiflung nahe sein. Und da kommen, neben vielen anderen, zum Teil von weit her, wohlhabende hoch gebildete Menschen, in enger Verbindung mit anderen ihres Lebenskreises, Menschen, die in der Mitte ihres Lebens stehen, voll Tatkraft, gesund, sie suchen bei der Kranken „Trost und Rat. Sie hat ihn gegeben", so schließt Wesener seine kurze Biografie der Emmerick, „woher sie es nahm, das mögen sich meine Leser jetzt selbst beantworten."

Viele, die zu ihr kamen, hatten in dem Umbruch der Zeiten ihre Orientierung verloren, so Dr. Wesener, Christian und Clemens Brentano, Melchior Diepenbrock, der spätere Bischof von Breslau, Luise Hensel, Friedrich Leopold Graf zu Stolberg. Andere suchten bei ihr Ermutigung in ihrem Glaubensleben, ihr unterstützendes Gebet, so z.B. Overberg, der bekannte Münstersche Theologe und Schulreformator, J. M. Sailer, der bekannte Theologe und spätere Bischof von Regensburg, Apollonia Diepenbrock, die Fürstin Gallitzin, viele Ärzte, viele Geistliche, viele andere sind noch namentlich bekannt. Größer aber noch ist die Zahl der namentlich nicht Bekannten, die an ihrem Krankenbett Zuspruch und Trost fanden.

Sie alle spürten: Hier war jemand, der im Gebet, in Meditationen, in Ekstasen die Nähe Gottes erfahren hat. Das aber war es, was sie alle suchten. Die einen, weil ihnen in der beginnenden modernen Welt die Existenz Gottes überhaupt fraglich geworden war, die anderen, weil sie sich seiner Nähe nicht so gewiss waren. Gerade die Lebenswege Weseners und Brentanos sind symptomatisch für die beginnende Moderne. Beide stammen aus katholischen Familien mit einer langen Glaubenstradition. Die Begegnung mit einer säkularisierten Welt, die den Glauben an Gott nicht mehr mit ihnen teilt, löst bei ihnen einen Prozess der inneren Säkularisation aus: ihre Glaubensgewissheit wird brüchig, Religion spielt in ihrer Lebensgestaltung keine Rolle mehr, formal bleiben sie in der Kirche. Das ist die Herausforderung, vor der wir alle in der modernen Welt stehen: Wie können wir in der ständigen Konfrontation mit einer nicht religiösen Welt, oft sogar mit einer offen oder versteckt religionsfeindlichen Welt unseren Glauben bewahren oder finden?

Wesener und Brentano haben in der Begegnung mit der Emmerick etwas von der Wirkkraft des christlichen Glaubens erlebt. Obwohl sie in katholischen Familien groß geworden sind, haben sie erst durch die Emmerick den Kern der revolutionierenden Botschaft Christi entdeckt: den am Kreuz seine unendliche Liebe offenbarenden Gott. Interessant und für das heutige Verständnis der Emmerick außerordentlich wichtig ist: Wesener glaubte zunächst, er müsse die Lebensform der Emmerick nachahmen, Brentano glaubte, dass er mit dem Tod der Emmerick seine Lebensspur wieder verloren habe, Luise Hensel glaubte, sie müsse ihrem Vorbild folgen und in einen Orden eintreten. Dahinter steckt die Unsicherheit oder die Angst, Nachfolge Christi in einer säkularisierten, pluralistischen oder oft nur formal christlichen Welt nicht leben zu können. Deshalb der ängstliche Versuch, sich von dieser Welt gettoartig abzuschließen. Diese Angst, die verständlicherweise viele Christen kennen, hat über weite Teile auch die Geschichte der katholischen Kirche in der Moderne bestimmt.

Anna Katharina ermunterte, wie gezeigt, Wesener bei seiner Tätigkeit zu bleiben und als Arzt in der Nachfolge Christi zu leben. Sie riet Luise Hensel von einem Klostereintritt ab. Brentano geht nach dem Tod der Emmerick seinen Weg. Anna Katharina hat mit ihrem Rat natürlich nicht die Bedingungen des Christseins in der modernen Welt durchschaut. Ganz pragmatisch hat sie die besonderen Begabungen der Freunde erkannt und gefördert. Aus ihren eigenen Erfahrungen wusste sie: wer zu einer persönlichen Begegnung mit Gott kommt und sich darauf einlässt, der gewinnt einen Kompass, der einem ermöglicht, Kurs zu halten auch in einer Welt, die viele andere verlockende Ziele vorspielt, die uns mit vielen anderen Überzeugungen konfrontiert.

„Viele wünschen: Ich wollte, dass ich wäre wie der und die! Das ist ja wunderlich; denn Gott führt jeden seinen eigenen Weg; und was macht es, ob wir auf diesem oder auf jenem Wege zum Himmel kommen? Möchten wir alle nur tun, was Gott von uns in unserem Stande verlangt." Etwas verschmitzt sagt sie an anderer Stelle: „Wenn wir alle einen Weg zum Himmel wollten, würde der Weg so eng sein, dass wir stecken blieben."

Wesener und Brentano und die vielen anderen waren so tief beeindruckt von ihr, weil sie trotz ihrer Leiden eine solche Überzeugungskraft ausstrahlte. Vielen Christen heute ist gerade deshalb der Weg zu Emmerick versperrt, weil sie meinen, ihr Leben sei von Schmerz und Leiden bestimmt. Ein Ziel dieses Lebensbildes ist es, darzustellen, dass Anna Katharina sich gerade nicht von dem ungeheu-

Heilig-Kreuz-Kirche in Dülmen, 1938 erbaut auf dem alten Friedhof neben dem Grab der Emmerick. In der Urkunde zur Grund-
steinlegung heißt es: „Die Dülmener hofften durch den Bau eines neuen Gotteshauses unter dem Titel des Hl. Kreuzes, unmittelbar neben dem Grabe der seligen Anna Katharina Emmerick
voll Vertrauen durch die zahlreichen Gebete ihre Seligsprechung
zu befördern."

Rechts:
Grab der Anna Katharina Emmerick in der Heilig-Kreuz-Kirche.
Nach der Neuaufnahme des Seligsprechungsprozesses auf Ver-
anlassung von Bischof Heinrich Tenhumberg 1973 wurden die
Gebeine der Emmerick nach der Renovierung der Heilig-Kreuz-
Kirche 1975 in die Krypta der Kirche umgebettet.

ren Leid, das ihr widerfahren ist, hat bestimmen lassen. Denn sie hat eine Antwort gefunden auf das Leid. Und wenn sie sich Leiden gewünscht hat, dann, um mit anderen mit zu leiden oder um anderen das Leid abzunehmen oder zu mindern.

Wir Menschen der Moderne in den reichen Ländern leben in der Illusion, Leid und Schmerz seien weitgehend überwunden. Doch „die Moderne hat die Nachtseiten des Menschenlebens, Schmerz, Leiden und Tod nicht aus der Welt geschafft, sondern in einem Siegeszug von Banalität bloß der Wahrnehmung entrückt", so in dem Klappentext zu P.L. Bergers „Auf den Spuren der Engel". Wenn das Leid weit genug weg ist oder wenn es fast täglich in den Nachrichten des Fernsehens in Bildern vorgeführt wird, sind wir gewappnet, es nicht zu dicht an uns heranzulassen. (Sonst müsste uns auch täglich der Bissen im Halse stecken bleiben.)

Wenn aber Krankheit, Leid, der Tod, die großen Katastrophen direkt über uns hereinbrechen, dann wissen wir keine Antwort. Zwar drängt sich dann die Frage nach Gott auf. Doch da wir dann an den allmächtigen Gott appellieren, ist der Tenor unserer Frage: „Wie konntest du das zulassen?" Und unser Appell: „Wende es von uns ab!"

Elie Wiesel, der als Kind mit seiner ganzen Familie ins KZ Auschwitz kam und als Einziger überlebt hat, hat sein Schicksal im KZ in dem Buch „Die Nacht" erzählt. An einem Tag müssen die Häftlinge, wie öfter, vor dem Galgen Zeuge sein, wie Mitgefangene gehängt werden. Neben zwei Männern ist diesmal auch ein Junge, ein Knabe noch, dabei. Die beiden Männer sind relativ schnell tot. Der Anblick ist fürchterlich. Doch schlimmer noch, der Knabe kämpft länger als eine halbe Stunde vor den Augen der anderen Gefangenen seinen Todeskampf. Ein Mann hinter Elie Wiesel fragt drängend: „Wo ist Gott, wo ist er?" Als der Mann verzweifelt und ein zweites Mal fragt, hört

Elie Wiesel eine Stimme in sich antworten: „Wo ist er? Dort – dort hängt er am Galgen."

Das kann einmal bedeuten: Mit dem Jungen am Galgen, stirbt auch Gott. Denn wie kann der allmächtige Gott diesen fürchterlichen Tod zulassen? Das ist vielleicht bewusst oder unbewusst heute die Antwort vieler. Die andere Möglichkeit, und das ist die durch das Leiden und den Tod Christi verkündete: Gott ist bei dem Jungen an dem Galgen, er ist sein Partner in diesem furchtbaren Leiden. „Und es gibt dem Leiden einen Sinn in der Hoffnung auf Erlösung" (P.L. Berger), so wie es der Schächer zur Rechten Christi verheißen bekam: „Wahrlich, ich sage dir, heute noch wirst du mit mir im Paradiese sein." (Luk. 23,43)

Das aber war genau die Position von Anna Katharina Emmerick. Sie hat angesichts ihrer schweren Krankheiten, angesichts des Leidens, das sie so intensiv mit erlebte, nicht in erster Linie gefragt: „Warum?" In der Begegnung mit dem Leiden Christi am Kreuz hat sie erfahren, dass Gott alle Schmach, alle Qualen, alle Leiden, die Angst vor dem Sterben auf sich genommen hat, dass er sie mit den Menschen teilt. Und so ward ihr gewiss: Gott ist der Partner der Armen, der Schwachen, der Verfolgten, der Unglücklichen, der Leidenden, der Sterbenden. Vor allem wusste sie auch: mit seinem Leiden lässt Christus den Menschen auch teilhaben an seiner Auferstehung. Er öffnet damit das Tor der himmlischen Stadt, wie wir von ihrem und Brentanos Sterben erfahren.

Das war es, warum sie ihr unermessliches Leiden so bereitwillig angenommen und so geduldig ertragen hat und ertragen konnte. Man darf das allerdings nicht falsch verstehen, sie war nicht für das Leid, war natürlich auch nicht der Auffassung, dass Gott das Leid der Menschen will. All ihr Tun und Beten war darauf gerichtet, das Leid zu mindern. Sie war überzeugt, dass sie mit ihrem Leiden auch anderen Leiden abnehmen, ersparen kann und hat darum gebetet, dass Gott ihr Leiden für das Leiden anderer annehmen möchte.

Im tiefsten war es wohl ihre Meinung: Gott hat nicht in erster Linie gewollt, dass es dem Menschen gut geht, sondern er hat gewollt, dass er gut ist. Das hat sie mit ihrem ganzen Leben verkündet und hat in den Menschen, die zu ihr kamen, gleichsam das Gute wachgerufen, hat ihnen die Gewissheit gegeben, dass sie selbst gut sind, bzw. dass sie die Möglichkeit in sich tragen, gut zu sein, und dass sie auf Gott vertrauen können, dass er, wenn es ihnen schwer fällt, helfend beisteht.

Wesener und Brentano sind in dieser Weise von der Emmerick inspiriert worden, haben fortan ihr Leben danach gestaltet und haben das missionarisch weiter gegeben. Das könnte man auch an Luise Hensel und Apollonia Diepenbrock, die beide die Emmerick lange überlebt haben, zeigen. In vielen persönlichen Begegnungen, die damals eine größere Rolle spielten als heute, und in einem dichten Netz des Briefwechsels innerhalb der bürgerlichen Schichten sind die Erlebnisse der Besucher der Emmerick weiter gegeben worden und damit erreichten sie die zu Beginn der Darstellung beschriebene Verbreitung. Sie wurden damit Teil einer Neuorientierung innerhalb der katholischen Kirche.

Bis zur Säkularisation 1802/03 bestand eine Einheit zwischen politischer Herrschaft und Religion. Der Bischof von Münster z.B. war gleichzeitig Fürst, deshalb Fürstbischof. Das Domkapitel war eine wichtige politische und wirtschaftliche Bastion der Adelsfamilien. Selbst die Klöster waren noch von adligen und bürgerlichen Gruppen bestimmt, wie wir auch bei dem Kampf der Emmerick um Aufnahme in ein Kloster gesehen haben. Die religiöse Praxis war vorrangig getragen von der Kirche als Institution, d.h. von Priestern und von den Berufsständen, die bei den kirchlichen Festen, Prozessionen und Wallfahrten ihren

Part spielten. Die Verbindung mit der Macht und mit dem Geld hat der geistlichen Ausrichtung der Kirche oft erheblich geschadet. Es gab allerdings daneben in der Kirche immer auch einen Willen zur Reform und auch starke Kräfte zur geistlichen Orientierung, doch war das System der geistlichen *und* weltlichen Herrschaft der Kirche nicht in Frage gestellt.

Anna Katharina hat das nicht politisch durchschaut, sie hat das Amt der Priester hoch geschätzt, ihre skrupulöse Ehrfurcht vor den geweihten Händen von Priestern wirkt für uns sehr befremdend. Doch hat sie sehr scharf gesehen, dass viele Priester zwar ein Amt ausüben, aber wenig von dem Geist Christi verbreiten, und hat auch mit Kritik daran nicht gespart.

Zu der damals an Macht, an Besitz, oft an Reichtum orientierten Kirche nahm sie eine Gegenposition ein. Nicht bewusst als Opposition dagegen, sondern sie orientierte sich an dem, was sie aus der Bibel, durch Betrachtungen, durch ihre Visionen erfuhr: Christus war der ohnmächtig der weltlichen Gewalt Ausgelieferte, der von den Machthabern der Kreuzigung Überlieferte. Christus, der Gottmensch, habe schon bei seiner Geburt in einer Höhle die Armut gewählt. Deshalb hätten auch arme Hirten und Tagelöhner zuerst die Geburt des Heilandes erfahren. So hat sie auch für sich bewusst die Armut gewählt und konnte gar nicht verstehen, dass die Familie Söntgen sich ihrer Armut so geschämt hat. Noch vor ihrem Tod sagt sie: „Ich will so arm sterben als ich gelebt habe." Sie bat deshalb „ihren Beichtvater, die Leiche so still als möglich begraben zu lassen."

Mit diesen Ideen hat sie, wie an den Lebensläufen von Wesener und Brentano deutlich geworden ist, ihre Besucher angesteckt. Sie hat damit, natürlich nicht allein, aber doch ganz wesentlich der kirchlichen Frömmigkeit eine ganz neue Richtung gegeben: der individuellen Bindung an Gott, der Frömmigkeit des Herzens, der Fürsorge für die Armen. Eine wesentliche Rolle hat dabei Brentano gespielt. Er hat ihre Visionen für so wichtig gehalten, dass er seine eigene dichterische Produktion fast vollständig aufgab und sich in den Dienst der Veröffentlichung der Visionen stellte. Er hat erkannt, welch wichtige Rolle das Buch in seiner Zeit spielte. Denn das 19. Jahrhundert und die erste Hälfte des 20. Jahrhunderts waren eine Zeit von großer Leseintensität. Es gab keine anderen Medien als die gedruckten, es gab auch sonst wenig Abwechslung im Leben. Aber gegenüber den vorhergehenden Jahrhunderten war durch die Schulpflicht die Fähigkeit zu lesen zu einem Allgemeingut geworden. So konnten auch die einfachen Leute den engen Horizont ihres Lebens erweitern. Einige Bücher konnten sich fast alle leisten. Diese Bücher wurden intensiv gelesen.

„Das bittere Leiden" wurde so zu einem Volksbuch. „Es gab sicher kein Haus, wo nicht ‚Das bittere Leiden' in der Fastenzeit gelesen wurde", sagte eine Teilnehmerin des Emmerick-Symposions 1982. Ein Bekannter erzählte mir, dass seine Großmutter in den Bombennächten das Buch immer mit in den Luftschutzkeller genommen habe. So sind die Visionen der Anna Katharina (neben manchen anderen Kräften) eine Quelle einer ganz neuen Religiosität und Frömmigkeit geworden: einer Frömmigkeit nicht mehr allein durch den Priester in den Zeremonien in der Kirche vermittelt, sondern auch und ganz besonders durch Frauen innerhalb der Familien. Dieser Prozess der Veränderung des religiösen Lebens wird als „Feminisierung der Religion" begriffen. Er ist Teil einer tief greifenden Veränderung der bürgerlichen Kultur im 19. Jahrhundert.

Das für die katholische Kirche so ganz ungewöhnliche Charisma von Laien, noch dazu von Frauen, hatte für viele damals in den Stigmata der Emmerick von Gott direkt eine Weihe bekommen. Für die neue Form der Religiosität ist auch charakteristisch, dass sie nicht vorrangig an Organisationen wie Kirchengemeinden, Berufsverbände, sondern an das Individuum gebunden ist. Das aber ist nur möglich, wenn der Einzelne wie die Emmerick eine persönliche Glaubenserfahrung macht. Offensichtlich ist diese persönliche Glaubenserfahrung der Emmerick für viele beispielhaft geworden.

Dass eine Frau aus der Unterschicht, die kaum selbst schreiben konnte, eine solche Wirkung haben, zu einer in der Literatur bekannten Figur werden konnte, ist einmalig und nicht leicht zu verstehen. Im 18. und in der ersten Hälfte des 19. Jahrhunderts begannen zwar langsam bürgerliche Frauen in der öffentlichen Kultur eine Rolle zu spielen. Voraussetzung dafür war aber Reichtum und/oder eine hervorragende Bildung, so dass sie entweder einen literarischen Salon unterhalten konnten wie z.B. Rahel Varnhagen oder selbst als Künstlerin hervortreten konnten wie z.B. die Großmutter Brentanos, Sophie Laroche, oder die Günderode. Anna Katharina Emmerick hatte nichts von dem: weder vom Glanz des Reichtums, noch von der Schönheit der Kunst, dennoch besaß sie etwas, was viele suchten.

Kann nicht in unserer Zeit, in der Gesundheit, Jugendlichkeit, Leistung, Erfolg und materielle Güter eine solch dominierende Rolle spielen, an dem Beispiel, der Emmerick eine ganz andere Dimension des Lebens sichtbar werden: die ungeheure Leuchtkraft, die ausging von ihrem hinfälligen Leben, von ihrer selbstgewählten Armut, von ihrer schrankenlosen Offenheit für andere, von ihrer liebenden Teilnahme am Leben und am Leiden anderer?

Literatur

Die wesentlichen Grundlagen der Darstellung sind:

Akten der kirchlichen Untersuchung über die stigmatisierte Augustinerin Anna Katharina Emmerick nebst zeitgenössischen Stimmen
herausgegeben von P. Winfried Hümpfner O.E.S.A.
Würzburg 1929

Tagebuch des Dr. med. Franz Wilhelm Wesener über die Augustinerin Anna Katharina Emmerick
unter Beifügung anderer auf sie bezüglicher Briefe und Akten
herausgegeben von P. Winfried Hümpfner O.E.S.A.
Würzburg 1926

Clemens Brentano; Sämtliche Werke und Briefe,
Frankfurter Brentano-Ausgabe,
insbesonders Bd. 28,1 u. 28,2

Das bittere Leiden unseres Herrn Jesu Christi
Augsburg 1989

P. H. J. Seller und P. I. M. Dietz, Im Banne des Kreuzes
Lebensbild der stigmatisierten Augustinerin Anna Katharina Emmerick
Aschaffenburg 1974

Anna Katharina Emmerick, Visionen und Leben
herausgegeben von Anton Brieger
München 1974

Anna Katharina Emmerick
Ein neues Porträt, herausgegeben vom Emmerick-Bund
Dülmen 2000

Joseph Adam, Clemens Brentanos Emmerick-Erlebnis
Freiburg 1956

Hartwig Schultz, Schwarzer Schmetterling
Zwanzig Kapitel aus dem Leben des romantischen Dichters
Clemens Brentano
Berlin 2000

Emmerick und Brentano
Dokumentation eines Symposions 1982
Dülmen 1983

Anna Katharina Emmerick
Die Mystikerin des Münsterlandes , Symposion 1990
Dülmen 1991

Anna Katharina Emmerick
Passio, Compassio, Mystik, Symposion 2000
Münster 2000

Emmerickblätter
Mitteilungen des Emmerick-Bundes

Bildnachweis

Seiten 22, unten links und 102, oben rechts: Aschendorff Verlag. Seite 51: H. Erkmann. Seiten 150 und 151: A. Lechtape. Alle anderen: Emmerick-Archiv.

© 2003 Aschendorff Verlag GmbH & Co. KG, Münster

Gesamtherstellung: Aschendorff Medien GmbH & Co. KG, Druckhaus Münster, 2003

Gedruckt auf säurefreiem, alterungsbeständigem Papier ∞

ISBN 3-402-05467-1